Edition KWV

Die „Edition KWV" beinhaltet hochwertige Werke aus dem Bereich der Wirtschaftswissen-schaften. Alle Werke in der Reihe erschienen ursprünglich im Kölner Wissenschaftsverlag, dessen Programm Springer Gabler 2018 übernommen hat.

Weitere Bände in der Reihe http://www.springer.com/series/16033

Mario Kischporski

Elektronischer Rechnungsdatenaustausch mit E-Invoicing

Wertbeitrag durch echte Digitalisierung in der Supply Chain Finance mittels Dynamic Discounting im Zusammenspiel zwischen Einkauf und Finanzwesen

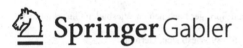

Springer Gabler

Mario Kischporski
Geschäftsführung
COMPLAVIS GmbH
Garching bei München, Deutschland

Bis 2018 erschien der Titel im Kölner Wissenschaftsverlag, Köln

Edition KWV
ISBN 978-3-658-23109-5   ISBN 978-3-658-23110-1   (eBook)
https://doi.org/10.1007/978-3-658-23110-1

Die Deutsche Nationalbibliothek verzeichnet diese Publikation in der Deutschen Nationalbibliografie; detaillierte bibliografische Daten sind im Internet über http://dnb.d-nb.de abrufbar.

Springer Gabler
© Springer Fachmedien Wiesbaden GmbH, ein Teil von Springer Nature 2015, Nachdruck 2018
Ursprünglich erschienen bei Kölner Wissenschaftsverlag, Köln, 2015

Springer Gabler ist ein Imprint der eingetragenen Gesellschaft Springer Fachmedien Wiesbaden GmbH und ist ein Teil von Springer Nature
Die Anschrift der Gesellschaft ist: Abraham-Lincoln-Str. 46, 65189 Wiesbaden, Germany

Vorwort

In diesem Werk wird das Thema Wertbeitragsgenerierung durch Prozessdigitalisierung am Beispiel des elektronischen Rechnungsdatenaustausches mit E-Invoicing in der Supply Chain Finance mittels Dynamic Discounting im Zusammenspiel zwischen Einkauf und operativem Finanzwesen betrachtet. Die Entwicklung dieses Buches basiert auf meiner Master Thesis.

Ich bin als geschäftsführender Gesellschafter der COMPLAVIS® GmbH in München, einem führenden Technologieunternehmen spezialisiert auf elektronischen Datenaustausch, EDI und Geschäftspartneranbindungen und ansässig am Technologie-Campus der TU München, tätig. Seit 2008 bin ich ferner als Lehrkraft an der Technischen Hochschule Deggendorf u.a. für Betriebswirtschaftslehre, Einkauf und Logistik, Technologiemanagement, Anwendungssoftware und elektronischen Datenaustausch für Einkauf und Logistik und als Gastdozent an der OTH Regensburg für Geschäftsprozessoptimierung tätig.

Durch die Nähe zur Lehre und Wissenschaft bietet COMPLAVIS® eine einmalige Mischung aus wissenschaftlichem Ansatz und praktischer Umsetzung zur Ermöglichung innovativer und flexibler Geschäftsabläufe mit hoher Akzeptanz. COMPLAVIS® betreibt ein eigenes EDI Clearing Center (C-EDI®) und ist spezialisiert auf Rollout Management (Geschäftspartneranbindungen) für alle Formen des elektronischen Datenaustausches.

In die Betrachtungen dieses Buches fließen ferner mehr als 15 Jahre Erfahrung aus unterschiedlichen Führungsfunktionen in der Industrie bei Amazon.de und der SupplyOn AG mit fachlicher und disziplinarischer Personalverantwortung ein. Dies u.a. als weltweiter Leiter bei Amazon.de und Amazon.com für Elektronischen Datenaustausch und EDI und Leiter Deutschland für den Bereich Finance Operations für Amazon.de mit Verantwortung für unterstützende Financial Shared Services Center in Bratislava (Slowakei) und Hyderabad (Indien) mit mehr als 200 Mitarbeitern im Rahmen European und Worldwide Finance Operations & Shared Services von Amazon.com.

Für die SupplyOn AG war ich in den Jahren 2011 bis 2013 Projektleiter für die Erweiterung des Automotive Software-as-a-Service Markplatzes für die europäische Luft- und Raumfahrtindustrie "AirSupply" von SupplyOn im Großprojekt Airbus/EADS.

Mein größter Dank, nicht nur in Zusammenhang mit diesem Buch, gilt meiner Frau und Familie, vor allem für die Unterstützung in den letzten Jahren, meinen Eltern, die mich in meinem Leben stets uneingeschränkt unterstützt haben, und denen ich dieses Buch daher in großer Dankbarkeit widme.

Für Fragen und Anregungen zu diesem Buch bin ich für Sie per E-Mail unter Mario.Kischporski@complavis.de erreichbar.

M. Kischporski

München-Garching, im September 2015

COMPLAVIS® GmbH

Technische Hochschule Deggendorf

Fakultät Angewandte Wirtschaftswissenschaften (School of Management)

In arbeitsteiligen Unternehmen moderner Prägung ist oftmals ein starkes Bereichs-denken vorherrschend. So ist beispielsweise die Schnittstelle zwischen Beschaffung und Rechnungswesen erst in jüngster Zeit zunehmend in den Fokus des betriebs-wirtschaftlichen Interesses gerückt.

Im Sinne eines ganzheitlichen Ansatzes wird in der Praxis die IT-gestützte Verzah-nung von Einkauf und Kreditorenmanagement erst jetzt als strategische Hand-lungsoption entdeckt. Dies vor allem im Kontext der immer weiter zurückgehenden Wertschöpfungstiefe von Unternehmen, die im Zuge der Globalisierung weltweite Wertschöpfungsketten reibungslos in ihren Produktions- bzw. Leistungserstellungs-prozess integrieren müssen. Dabei kommt dem Lieferantenmanagement und der Si-cherung der Liquidität durch Optimierung der Zahlungskonditionen eine besondere Bedeutung zu. Bei einer koordinierten Zusammenarbeit aller betroffenen Bereiche könnte ein enormes Wertbeitragspotenzial freigesetzt werden.

Mit der vorliegenden Schrift beleuchtet Mario Kischporski ein aktuelles Thema in Wissenschaft und Praxis. Er untersucht das Thema am Beispiel des elektronischen Rechnungsdatenaustausches mittels E-Invoicing in der Supply Chain Finance durch Dynamic Discounting im Zusammenspiel zwischen Einkauf und operativem Finanzwesen und liefert dabei Denkanstöße zur Generierung eines Zusatznutzens, der über die reine Prozessoptimierung hinausgeht. Dies erfolgt vor dem Hintergrund von Praxisprojekten und Geschäftspartnerintegrationen für zulieferende und einkau-fende Unternehmen zur Steigerung der Kundenbindung durch "echte" Digitalisie-rung.

Prof. Dr. Jürgen Leinz

Grasbrunn bei München, im September 2015

Technische Hochschule Deggendorf

Fakultät Angewandte Wirtschaftswissenschaften (School of Management)

Einkauf & Logistik

Inhaltsverzeichnis

Abkürzungsverzeichnis

AP	Accounts Payable (Kreditorenbuchhaltung)
AGB	Allgemeine Geschäftsbedingungen
BMF	Bundesministerium der Finanzen
BPMN	Business Process Model and Notation
CRM	Customer Relationship Management
DOH	Days On Hand
DPO	Days Payables Outstanding
DSO	Days Sales Outstanding
DWC	Days Working Capital
EDI	Electronic Data Interchange
EDIFACT	Electronic Data Interchange For Administration, Commerce and Transport
ERP	Enterprise Resource Planning
FeRD	Forum elektronische Rechnung Deutschland
FSCM	Financial Supply Chain Management
GRNI	Goods Received Not Invoiced (Ware ohne Rechnung)
i. d. F.	in der Fassung
IT	Informationstechnologie
KMU	Kleine und mittlere Unternehmen
n. F.	neue Fassung
OCR	Optical Character Recognition
P2P	Procurement-to-Pay
PDF	Portable Document Format
ROI	Return On Investment
SRM	Supplier Relationship Management
VeR	Verband elektronische Rechnung
XML	Extensible Markup Language
ZUGFeRD	Zentraler User Guide des Forums elektronische Rechnung Deutschland

Abbildungs- und Tabellenverzeichnis

Abbildungen

Tabellen

1 Einleitung

Der Austausch elektronischer Rechnungen wird unter anderem aufgrund des Steuervereinfachungsgesetzes aktuell inständig diskutiert. Immer mehr Unternehmen fordern von Ihren Lieferanten und Kunden einen elektronischen Rechnungsaustausch. Ein Großteil der Rechnungsstellung erfolgt aktuell noch papierbasiert. Dadurch werden Mitarbeiterkapazitäten gebunden, und dies führt unter anderem zu mangelnder Transparenz, Doppelarbeiten und Ineffizienzen.

Bei jährlich circa 32 Milliarden Rechnungen in Deutschland und einem Papieranteil von noch circa 90-95%[1] werden Vorteile durch Prozessdigitalisierung nur unzureichend ausgeschöpft. Schätzungen belegen, dass etwa 6% der Unternehmen in Europa (1,4 Millionen von 23 Millionen Unternehmen) die elektronische Rechnungsabwicklung nutzen. Für Deutschland entspricht dies einer Anzahl von nur circa 180.000 bei etwa 3 Millionen Unternehmen. Am Markt hat sich schon seit Jahren eine Vielzahl von technischen Lösungen etabliert. Für den elektronischen Rechnungsaustausch gibt es dennoch Einführungshemmnisse und Haupthindernisgründe. Diese erstrecken sich von mangelnder Kenntnis über hohe Einführungskosten und IT-Aufwände, Bedenken hinsichtlich Compliance, Rechtsgültigkeit und der Erfüllung gesetzlicher Vorgaben und Regularien bis hin zur Unsicherheit bezüglich des betriebswirtschaftlichen und kaufmännischen Nutzens, also bezüglich des Wertbeitrags durch eine Umstellung dieses operativen unternehmerischen Prozesses auf ein elektronisches und papierloses Verfahren.

Es werden klare Prozesse, Anforderungen und eine Transparenz des Zusatznutzens vor allem für kleine und mittlere Unternehmen (KMU) benötigt.

Die digitale Agenda 2020 der EU Kommission, die Strategie der Europäischen Union zur Unterstützung digitaler Technologien für nachhaltiges Wirtschaftswachstum, und auch das am 18.04.2013 durch den Deutschen Bundestag verabschiedete E-Government Gesetz[2] EGovG zielen darauf ab, die die Verwaltung zu modernisieren.

Die EU-Kommission hat von ihren Mitgliedstaaten gefordert, die elektronische Abrechnung als vorherrschende Methode bis 2020 zu etablieren. So gibt es in Spanien, Italien, Dänemark, Österreich und Schweden bereits die

---

[1] Vgl. Stellungnahme des Nationalen Normenkontrollrats (NKR) zum Regierungsentwurf des Steuervereinfachungsgesetzes 2011 und vgl. Koch, Bruno: E-Invoicing/E-Billing – Opportunities in a Challenging Market Environment, Market Report Billentis, 2012.

[2] EGovG: Gesetz zur Förderung der elektronischen Verwaltung sowie zur Änderung weiterer Vorschriften.

© Springer Fachmedien Wiesbaden GmbH, ein Teil von Springer Nature 2015
M. Kischporski, *Elektronischer Rechnungsdatenaustausch mit E-Invoicing*,
Edition KWV, https://doi.org/10.1007/978-3-658-23110-1_1

Forderung, jeglichen Geschäftsverkehr mit dem öffentlichen Sektor elektronisch abzuwickeln. Entsprechende Verwaltungs- und Gesetzgebungsvorhaben wurden bereits eingeleitet oder befinden sich in der Umsetzung.

Der elektronische Rechnungseingang wird dabei als ein entscheidender Schritt in Richtung papierlose Administration (E-Government) gesehen und wird Auswirkungen auf die Beziehungen zwischen Unternehmen und öffentlicher Verwaltung (Business-to-Government) und somit auch auf den Geschäftsdokumentenaustausch zwischen Unternehmen haben, der in diesem Buch betrachtet wird.[3]

1.1 Problemstellung

Die gestiegene Wichtigkeit langfristiger Beziehungen und die enge Zusammenarbeit und Kollaboration zwischen Geschäftspartnern wird durch die zunehmende Integration von Lieferanten in den Wertschöpfungsprozess der Lieferkette (Supply Chain) deutlich. Maßnahmen im Kreditoren- und Debitorenmanagement dienen zur Erhaltung dieser langfristigen Beziehungen, um Optimierungs- und Liquiditätspotenziale auf der Beschaffungsseite und die Optimierung von Forderungsbeständen auf der Lieferantenseite (Zuliefer- oder Distributionsseite) so zu steuern und zu realisieren, ohne dabei die Beziehungen in der Supply Chain zu gefährden oder zu vernachlässigen. Durch die neuen Regularien bei der Kreditvergabe durch Basel II und III[4] wird es für Unternehmen immer wichtiger, Innenfinanzierungsmöglichkeiten zu nutzen. Prozessoptimierung durch Digitalisierung mittels des Einsatzes von Informationstechnologie unter Berücksichtigung von Compliance, Risikofaktoren und Chancen spielt dabei eine entscheidende Rolle.

Dieses Buch zeigt auf, welche Hemmnisse einer Einführung des elektronischen Rechnungsaustausches entgegenstehen und wie wertgesteuertes Prozessmanagement einen Zusatznutzen im Sinne eines Wertbeitrags für Unternehmen generieren kann.

---

[3] Vgl. Bernius, Steffen/König, Wolfgang/Pfaff, Donovan/Werres, Stefan: Goethe Universität Frankfurt am Main und Bundesministerium des Innern: eRechnung: Handlungsempfehlungen zur Umsetzung des elektronischen Rechnungsaustauschs mit der öffentlichen Verwaltung – Abschlussbericht des Projekts eRechnung, http://www.e-docs-standards.de, Januar 2013.
[4] Basel II/III: Der Begriff Basel III bezeichnet ein Reformpaket des Basler Ausschusses der Bank für Internationalen Zahlungsausgleich (BIZ) für die bereits bestehende Bankenregulierung Basel II. Es regelt die Erhöhung der Qualität, Konsistenz und Transparenz der Eigenkapitalbasis und tritt in der EU ab 2014 schrittweise in Kraft.

1.2 Ziele und Aufbau des Buches

Ziel des Buches ist die Darstellung der Wertbeitragspotenziale und die notwendigen organisatorischen und operationellen Anforderungen für eine Umsetzung im Rahmen des Financial Supply Chain Managements für Unternehmen. Dabei wird im Speziellen das vernachlässigte aber notwendige enge Zusammenspiel zwischen dem Einkauf und dem Finanzwesen herausgearbeitet.

Aus den Zielen leitet sich der Aufbau des Buches ab. In Kapital 2 werden zunächst Begrifflichkeiten und Anforderungen im Kontext der elektronischen Rechnung erläutert und geklärt. In Kapital 3 werden die rechtlichen und regulatorische Rahmenbedingungen ausgeführt, um in Kapitel 4 die organisatorische Einbettung aus wissenschaftlicher Sicht darzustellen und einzugrenzen. Kapitel 4 betrachtet ferner das Financial Supply Chain Management als Geld- und Wertstrom. Im Anschluss werden in Kapitel 5 die Sicht auf die Hauptprozesse und die unterschiedlichen Reifegrade verdeutlicht. Die Relevanz für die Geschäftsführung und die empirischen Betrachtungen über Umsetzungshemmnisse aus Kapitel 6 führen zu den in Kapitel 7 aufgeführten Wertbeitragsoptimierungsvarianten. Abschließend wird die Planungsphase im Kontext des Umsetzungs- und Problemlösungszyklus für eine Implementierung nach einer strategischen Umsetzungsentscheidung in Kapitel 8 betrachtet. Die Darstellung der Prozesse und Prozessmodellierung erfolgt anhand der Business Process Model and Notation in der Version 2 (BPMN 2.0).

2 Begriffsdefinitionen und Anforderungen

2.1 Wertbeitrag und Wertorientierung

Dass es ökonomisch notwendig ist, den Unternehmenswert zu mehren, darüber besteht heute weitgehender Konsens in Wissenschaft, Politik und Unternehmenspraxis. Als Leitbegriff moderner Unternehmensführung und als Managementkonzept hat sich die Wertorientierung heute weitestgehend durchgesetzt.[5] Jedoch fehlt – in der Praxis wie auch in der Forschung – meist ein einheitliches Begriffsverständnis, was überhaupt einen Wertbeitrag darstellt, da Unternehmen unterschiedliche und nicht nur monetäre Ziele verfolgen. Rein finanzwirtschaftlich betrachtet spiegelt der Wertbeitrag den Erfolg wider, der über die Kapitalkosten hinaus erwirtschaftet wird.

Die Darstellung und Vermittlung des Wertbegriffs erfolgt vor dem Hintergrund, eine Entscheidungsgrundlage für (IT-)Investitionen zu schaffen.

Bei Krcmar findet sich nachfolgende Definition: Der Wert und Nutzen einer (IT-)Investition lässt sich unter den gegebenen Aspekten aus Sicht eines Wirtschaftssubjektes als die subjektive Zusammenfassung der positiven und negativen Zielbeiträge, die die Eigenschaften (Attribute) einer Investition oder deren Effekte auf die Diskurswelt stiften, definieren. Der Wert oder Nutzen (als Wertbeitrag) setzt sich aus positiven und negativen Zielbeiträgen zusammen, die durch die Attribute einer Investition oder deren Wirkung entstehen.[6]

Der Geschäftswertbeitrag (GWB) oder Economic Value Added (EVA) ist eine finanzwirtschaftliche Messgröße und bezeichnet wie erwähnt den Unterschiedsbetrag zwischen dem Unternehmensergebnis (Umsatzerlöse minus operativen Aufwand) und den Kapitalkosten.[7]

So wird der Begriff Wertbeitrag in diesem Buch mit dem Begriff "Zusatznutzen" synonym gesetzt und der Schwerpunkt auf den Wirkungsbegriff gelegt.

2.2 Elektronische Rechnung (E-Rechnung)

Unter elektronischer Rechnungsabwicklung versteht man das vollständig elektronische Senden beziehungsweise verfügbar Machen und anschließende Aufbewahren von Rechnungen.

---

[5] Vgl. Coenenberg, Adolf G./Salfeld, Rainer: Wertorientierte Unternehmensführung: Vom Strategieentwurf zur Implementierung, Schäffer-Poeschel Verlag, 2. Auflage, 2007, S. 3.
[6] Vgl. Krcmar, Helmut: Informationsmanagement, Springer Verlag, 5. Auflage, 2010, S. 516-518.
[7] Vgl. Wöhe, Günter: Einführung in die Allgemeine Betriebswirtschaftslehre, Vahlen Verlag, 24. Auflage, 2010, S. 198.

© Springer Fachmedien Wiesbaden GmbH, ein Teil von Springer Nature 2015
M. Kischporski, *Elektronischer Rechnungsdatenaustausch mit E-Invoicing*,
Edition KWV, https://doi.org/10.1007/978-3-658-23110-1_2

Eine elektronische Rechnung (nachfolgend auch E-Rechnung) ist im Sinne des Umsatzsteuergesetzes (§§ 14ff UStG) eine Rechnung, die nicht auf Papier erstellt und ausgedruckt, sondern auf elektronischem Wege erstellt, übermittelt und empfangen wird.[8] Im weitesten Sinn ist eine Rechnung, die per E-Mail oder als PDF-Dokument[9] übermittelt wird, eine elektronische Rechnung, da diese nicht in Papierform er- und zugestellt wird.

Die E-Invoicing Expertengruppe der Europäischen Kommission spricht in Ihrem Vorschlag im Rahmen des E-Invoicing Framework (EEIF) davon, dass der Prozess der elektronischen Rechnungsabwicklung vollständig strukturierte Daten nutzen muss, die von Sendern, Empfängern und anderen involvierten Parteien automatisch verarbeitet werden können. So ist die Übermittlung eines elektronischen Abbildes (als Bilddatei oder PDF) eines Rechnungsdokuments, wenn auch weit verbreitet, streng genommen keine Form der elektronischen Rechnungsabwicklung.[10]

Im Folgenden wird daher zwischen unstrukturierten und strukturierten Daten im Sinne einer Weiterverarbeitbarkeit unterschieden.

2.2.1 Unstrukturierte Daten

PDF-Rechnungen sind im Wesentlichen elektronische Abbilder von Papierdokumenten. Um die Informationen und Datenfelder aus den PDF-Rechnungen zu extrahieren, bedarf es bestimmter Technologien auf Empfängerseite. So müssen dazu die Meta-Daten aus dem PDF-Dokument ausgelesen werden oder die Daten mittels einer Belegerkennung (OCR – Optical Character Recognition) erkannt werden. Oftmals werden Papierrechnungen oder PDF-Rechnungen jedoch lediglich als Rechnungs-Bilddateien in Archivierungssystemen aufbewahrt, so dass eine automatisierte Weiterverarbeitbarkeit nicht zwingend gegeben ist. Man spricht im Rahmen der (manuellen) Übernahme oder Erfassung von Daten aus den elektronischen Bilddateien auch von sogenannten Medienbrüchen.

---

[8] Vgl. UStG § 1 Abs. 1.
[9] PDF = Portable Document Format: (Trans)portables und plattformunabhängiges Dateiformat für Dokumente unabhängig von Anwenderprogrammen, Betriebssystemen und Hardwareplattformen zur originalgetreuen Weitergabe.
[10] Vgl. Harald, Bo (Chairman European Commission Expert Group on E-Invoicing), in: ibi research an der Universität Regensburg: Elektronische Rechnungsabwicklung – einfach, effizient, sicher – Teil I: Rahmenbedingungen und Marktüberblick(www.elektronische-rechnungsabwicklung.de), Juni 2013, S. 14.

2.2.2 Strukturierte Daten (Weiterverarbeitbarkeit)

Im Gegensatz zu unstrukturierten Daten spricht man von strukturierten Daten beziehungsweise strukturierten Datensätzen. Strukturierte Daten erlauben eine (direkte) maschinelle Interpretation und Weiterverarbeitbarkeit der Informationen. Durch vordefinierte Datenfelder und Datenbeschreibungen werden die Sender- und Empfängerseite in die Lage versetzt, über eine gemeinsame Definition die Daten eindeutig zu identifizieren und für nachgelagerte Systeme bereitzustellen, ohne dass es zu Medienbrüchen kommt beziehungsweise ohne dass elektronische Dateien (beispielsweise PDF-Dateien) von der Empfängerseite "nachbehandelt" werden müssen. Der strukturierte Austausch von Daten bietet weniger Fehlerquellen und erlaubt eine direkte Integration der Datenströme in die IT-Systemlandschaft mittels Nachrichtenaustausch- und Konvertierungs-Software.

Das in dem Zentralen User Guide des Forums elektronische Rechnung Deutschland (FeRD[11]) ZUGFeRD im März 2013 definierte und finalisierte neue Format verbindet dabei die Daten aus dem PDF-Dokument mit einem eingebetteten und für den Sichtnutzer unsichtbaren aber für IT-Systeme auslesbaren strukturierten Datensatz. Der Nutzungsgrad dieser PDF/A-3 XML[12]-Datei bleibt abzuwarten, da diese zwar die Strukturierung der Daten über ein PDF-Dokument standardisiert, jedoch zunächst lediglich ein weiteres Format zu den bereits bestehenden strukturierten Datenaustauschformaten (EDI/EDFIACT[13]) darstellt.

Auf die weiteren technischen Spezifika und Austauschformate wird in diesem Buch nicht detaillierter eingegangen. Die Unterscheidung zwischen unstrukturierten und strukturierten Daten ist jedoch für die Betrachtung der unterschiedlichen Reifegrade relevant (siehe Kapitel 5)

---

[11] Das Forum elektronische Rechnung Deutschland (FeRD) wurde als nationale Plattform von Verbänden, Ministerien und Unternehmen zur Förderung der elektronischen Rechnung in Deutschland unter dem Dach der vom Bundesministerium für Wirtschaft und Technologie auf Beschluss des Deutschen Bundestages geförderten AWV - Arbeitsgemeinschaft für wirtschaftliche Verwaltung e.V. im Jahr 2010 im Sinne des Nationalen Normenkontrollrates und der Geschäftsstelle Bürokratieabbau des Bundeskanzleramtes gegründet. Siehe: www.ferd-net.de.
[12] XML = Extensible Markup Language: Dokumentenbeschreibungssprache, die durch eine Vielzahl von (Endnutzer-)Applikationen zur Datenintegration unterstützt wird.
[13] EDI = Electronic Data Interchange: Elektronischer Datenaustausch (mit strukturierten und automatisch auslesbaren Daten), standardisiert über den EDIFACT (Electronic Data Interchange For Administration, Commerce and Transport) Standard. Siehe: http://www.unece.org/trade/untdid/welcome.html.

3 Rechtliche und regulatorische Rahmenbedingungen

In den letzten Jahren gab es im Kontext des elektronischen Rechnungsaustausches grundlegende gesetzgeberische Änderungen. Im Folgenden wird die jüngste Entwicklung der gesetzlichen Rahmenbedingungen betrachtet und darüber hinaus auf die rechtlichen Rahmenbedingungen hinsichtlich Zahlungskonditionen im Vertragsmanagement eingegangen. Die Darstellung der rechtlichen Rahmenbedingungen dient zum Verständnis und zur Sicherstellung der Mindestanforderungen aus rechtlicher Sicht und zeigt die gesetzgeberischen Erleichterungen im Vergleich zu den Vorjahren in Bezug auf den elektronischen Rechnungsaustausch auf.

3.1 Historie der gesetzgeberischen Rahmenbedingungen

Die Rolle der Rechnung hat im Umsatzsteuergesetz eine hohe Bedeutung. Sie dient als Grundlage und Nachweis für die Berechtigung des Käufers zum Vorsteuerabzug. Bis zur Änderung des § 14 Abs. 1 und 3 UStG durch Artikel 5 Nr. 1 des Steuervereinfachungsgesetzes 2011 vom 01.11.2011 – als Umsetzung der EU-Richtlinie 2010/45/EG – wurden Rechnungen, die auf elektronischem Weg übermittelt wurden, nur anerkannt, wenn eine qualifizierte elektronische Signatur nach dem Signatur-Gesetz aus dem Jahr 2001[14] oder ein EDI-Verfahren verwendet wurden.[15] Zudem entfiel durch das Inkrafttreten des Gesetzes zur Modernisierung und Entbürokratisierung des Steuerverfahrens ab dem 01.01.2009 die ehemalige Voraussetzung einer zusammenfassenden Rechnung (Sammelrechnung) in Papierform oder elektronischer Form zur Sicherstellung der Konformität mit Art. 233 Abs. 1 Buchst. b der MwStSystRL.[16] Durch die Änderung des § 14 Abs. 1 UStG sind die umsatzsteuerrechtlichen Regelungen für elektronische Rechnungen zum 01.07.2011 neu gefasst worden.[17] Ab dem 01.07.2011 sind Papier- und elektronische Rechnungen umsatzsteuerrechtlich gleich zu behandeln.[18]

---

[14] Vgl. SigG (Signaturgesetz – Gesetz über Rahmenbedingungen für elektronische Signaturen). Seit 22.05.2001 konnte die elektronische Signatur zur Erstellung elektronischer Rechnungen eingesetzt werden.

[15] Vgl. Klas, Carolin (Arbeitsgemeinschaft für wirtschaftliche Verwaltung e. V.), in: ibi research an der Universität Regensburg: Elektronische Rechnungsabwicklung – einfach, effizient, sicher – Teil I: Rahmenbedingungen und Marktüberblick(www.elektronische-rechnungsabwicklung.de), Juni 2013, S. 11-12.

[16] MwStSystRL = Mehrwertsteuer-Systemrichtlinie: In der EU ist die Umsatzsteuer aufgrund der Richtlinie seit 01.07.2007 einheitlich geregelt.

[17] Vgl. hierzu ausführlich: Schreiben des Bundesministeriums für Finanzen (BMF-Schreiben) IV D 2 – S 7287-a/09/10004:003 vom 02.07.2012.

[18] Vgl. UStG § 14 Abs. 1 n. F.

© Springer Fachmedien Wiesbaden GmbH, ein Teil von Springer Nature 2015
M. Kischporski, *Elektronischer Rechnungsdatenaustausch mit E-Invoicing*,
Edition KWV, https://doi.org/10.1007/978-3-658-23110-1_3

Durch die sich wiederholt novellierende Gesetzgebung, die hohen technischen und verfahrenstechnischen Anforderungen aus der Gesetzgebung in den Vorjahren bestand bis zur Veröffentlichung des BMF-Schreibens[19] am 02.07.2012 im Rahmen des Steuervereinfachungsgesetzes 2011 auf unternehmerischer Seite eine rechtliche Unsicherheit hinsichtlich der praktischen Umsetzung der gesetzgeberischen Erleichterungen seit dem 01.11.2011 (mit Rückwirkung der Gleichbehandlung von Papier und elektronischer Rechnung zum 01.07.2011).

3.2 Gesetzlicher Rahmen

3.2.1 Elektronischer Rechnungsaustausch

Sowohl bei Papierrechnungen als auch bei elektronischen Rechnungen müssen nach § 14 Abs. 1 UStG n. F. die Authentizität (Echtheit der Herkunft), die Integrität (Unversehrtheit des Inhalts) und die Lesbarkeit der Rechnung gewährleistet sein. Dies kann durch jegliche innerbetriebliche Kontrollverfahren erreicht werden, die einen verlässlichen Prüfpfad zwischen Rechnung und Leistung im Sinne eines Bestellprozesses herstellen können.[20]

Die Zusammenhänge der Rechtsgrundlagen im Sinne der Normenhierarchie bezüglich der Anforderungen an die handels- und steuerrechtliche Aufbewahrung werden in der folgenden Abbildung verdeutlicht. Formaljuristisch wird im Sinne der Abgabenordnung nicht von Archivierung sondern von ordnungsmäßiger Aufbewahrung gesprochen.

---

[19] Vgl.: Schreiben des Bundesministeriums der Finanzen (BMF): Umsatzsteuer; Vereinfachung der elektronischen Rechnungsstellung zum 1. Juli 2011 durch das Steuervereinfachungsgesetz 2011, http://www.bundesfinanzministerium.de/Content/DE/Downloads/BMF_Schreiben/Steuerarten/Umsat zsteuer/Umsatzsteuer-Anwendungserlass/2012-07-02-Vereinfachung-der-elektronischen-Rechnungsstellung.html, 02.07.2012.
[20] Vgl. Weimann, Rüdiger: E-Rechnung: Rechtssicher übermitteln, berichtigen, kontieren und archivieren, Haufe Verlag, 2012, S. 38-45.

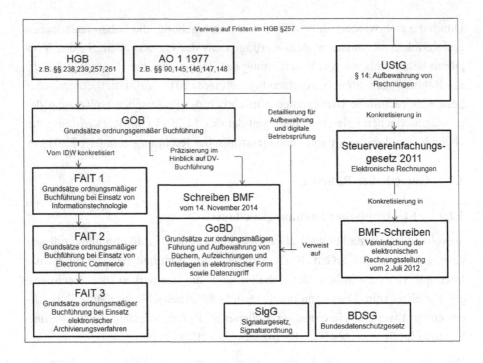

Abbildung 1: Übersicht und Zusammenhänge: Rechtsgrundlagen der Aufbewahrung.
Eigene Darstellung, in Anlehnung an: Brand, Thorsten et al.:
Steuersicher archivieren: Elektronische Aufbewahrung im Umfeld steuerlicher
Anforderungen, 2012, S. 23.

Weitere Nachweis- und Aufbewahrungspflichten können sich implizit aus dem
Produkthaftungsgesetz oder den nationalen oder internationalen Compliance-
Regularien ergeben. Auch branchenspezifische Gesetze und Verordnungen
sind zu beachten, beispielsweise aus dem Banken- und Versicherungsrecht,
aus der Betriebsverordnung für pharmazeutische Unternehmer, dem Zollrecht
oder aus dem öffentlichen Haushalts- und Kassenrecht.[21]

Vor allem für die Betrachtung des Zusammenspiels zwischen einkaufendem
und lieferndem Unternehmen in diesem Buch ist die notwendige Zustimmung
des Rechnungsempfängers zu vermerken. "Rechnungen sind auf Papier
oder vorbehaltlich der Zustimmung des Empfängers elektronisch zu übermitteln".[22] Die Zustimmung ist nach §§ 182ff BGB eine Einverständniserklärung
und kann formfrei, stillschweigend billigend beziehungsweise konkludent
erfolgen.

---

[21] Vgl. Brand, Thorsten/Groß, Stefan/Geis, Ivo/Lindgens, Bernhard, Zöller, Bernhard: Steuersicher
archivieren: Elektronische Aufbewahrung im Umfeld steuerlicher Anforderungen, Springer Gabler
Verlag, 2. Auflage, 2012, S. 27.
[22] Vgl. § 14 Abs. 1 S. 6 UStG n. F.

3.2.2 Konditionen-Politik und Konditionen-Management

Verkaufspreise, Rabatte, Boni und Skonti sowie Liefer- und Zahlungsbedingungen sind Gegenstand der Konditionenpolitik. Ihre optimale Gestaltung und Durchsetzung im Unternehmen wie im Markt sind Aufgabe des Konditionen-Managements. Der gesamte Aufgabenbereich des Konditionen-Managements kann in strategische (also grundlegende) und operative (laufende) Funktionen unterteilt werden. Forderungen sind gestaltungsbedürftige Investitionen in den Markt. Die Kreditpolitik gegenüber Kunden erfordert bewusste Planungs-, Steuerungs- und Überwachungsmaßnahmen, um den Unternehmenszielen – im Sinne eines Wertbeitrags – bestmöglich gerecht zu werden. Das Konditionen-Management umfasst die optimale Gestaltung der Zahlungsbedingungen beziehungsweise Kreditkonditionen sowie deren Durchsetzung im Markt. Durch die Zahlungsbedingungen wird festgelegt, wer für welche Leistungen wie viel, in welcher Form und wann bezahlen soll.[23]

Für den elektronischen Rechnungsaustausch spielen nicht nur die dargestellten rechtlichen und regulatorischen Rahmenbedingungen für die Anerkennung der elektronischen Rechnung als steuerlich gültiger beziehungsweise anerkannter Beleg ("rechtsgültiger Originalbeleg zur Umsatzsteuerabzugsberechtigung") eine Rolle, es sind ferner die Rahmenbedingungen für eine wertbeitragssteigernde Nutzung dieser Prozessdigitalisierung im Rahmen von bilateralen Konditionsvereinbarungen zwischen der einkaufenden und zuliefernden Seite zu betrachten.

Unter Skonto ist ein prozentualer Preisnachlass auf den geschuldeten Rechnungsbetrag zu verstehen, der dem Abnehmer der Lieferung oder Leistung für die Erfüllung (Zahlung) innerhalb einer bestimmten Frist vor Fälligkeit gewährt wird. Die Skontoabrede stellt damit einen aufschiebend bedingten Teilerlass der Forderung dar. Wirtschaftlich gesehen ist dieser als Entgelt an den Schuldner einzustufen. Die Gewährung des Skontos hat ihre rechtliche Grundlage im zivilrechtlichen Verpflichtungsgeschäft. Sie ist eine vertragliche Sonderregelung zu dem in § 272 BGB niedergelegten Grundsatz. Danach ist der Schuldner einer unverzinslichen Schuld nicht zum Abzug von Zwischenzinsen bei Leistung vor Fälligkeit berechtigt. Eine Verpflichtung zur Skontogewährung besteht somit für den Leistungserbringer nicht.[24] Der Skontoabzug ist im Sinne eines Wahlrechts zugunsten des Abnehmers ausgestaltet. Dieser

---

[23] Vgl. Lauer, Hermann: Konditionen-Management. Zahlungsbedingungen optimal gestalten und durchsetzen, Verlag Wirtschaft und Finanzen, 1998, S. 15 u. 18.
[24] Vgl. Palandt, Otto: Bürgerliches Gesetzbuch (BGB), Beck Juristischer Verlag, 70. Auflage, 2011, § 157 BGB, Rn16 u. § 272 Rn 1.

kann entscheiden, die Forderung erst zum Fälligkeitszeitpunkt zu begleichen oder bereits vor Fälligkeit unter Vornahme eines Abschlags auf den Zielpreis. Der Skonto bietet dem Zahlungsschuldner damit einen Anreiz zur zeitnahen Erfüllung der Forderungen.[25]

Somit bedarf es nach den Rechtsgrundsätzen des BGB zum Skontoabzug einer eindeutigen Skontovereinbarung. Aus Vertragsmanagementsicht und aus Beweisgründen gilt für eine Skontoabrede die Schriftform. Wer Skonto für sich beansprucht, muss im Streitfall eine entsprechende Vereinbarung nachweisen.[26] Eine derartige Skontovereinbarung kann sich aus den Allgemeinen Verkaufs- und Lieferbedingungen oder Geschäftsbedingungen (AGB) der Vertragspartner entnehmen lassen, genauso aber auch aus einem eindeutigen Vermerk auf der Rechnung (wenn es beispielsweise keine Abrede zum Skontoabzug gibt). In diesem Fall wird die Skontoklausel in der Regel gemäß § 151 BGB Vertragsinhalt.[27] Die Rechtsprechung verlangt eine klare, bestimmte und eindeutige Regelung. In der Skontovereinbarung sind Abzugshöhe, Beginn (Rechnungseingang oder Zugang der Rechnung versus Rechnungsdatum) und Ende des Zahlungszeitraums (Skontofrist) eindeutig festzulegen. Für Fristenberechnungen gelten §§ 186ff BGB. Handelsrechtlich sind Skonti, Rabatte und Boni Anschaffungspreisminderungen nach § 255 Abs. 1 Satz 3 HGB.

Im Rahmen einer partnerschaftlichen Geschäftsbeziehung zwischen den beiden Geschäftsparteien ist die Betrachtung des Zahlungszeitpunktes beziehungsweise Zahlungseingangs relevant. Der Europäische Gerichtshof hat in seinem am 03.04.2008 verkündeten Urteil[28] zur Auslegung der EU-Richtlinie 2000/35/EG entschieden, dass es entgegen der bisherigen Rechtsprechung des Bundesgerichtshofs (BGH) für die Rechtzeitigkeit einer Zahlung allein auf den Eingang des Geldes beim Vertragspartner ankommt. Dieses Urteil ist für deutsche Gerichte bindend. Von einer Zahlung ist also erst dann auszugehen, wenn die Wertstellung des Rechnungsbetrags auf dem Empfängerkonto erfolgt ist. Es kommt somit, unabhängig der Zahlungsart, darauf an, wann der Zahlungsempfänger über den Betrag tatsächlich verfügen kann.

---

[25] Vgl. Bergemann, Achim/Wingler, Jörg: Gewerbesteuer – GewStG: Kommentar, Gabler Verlag, 2012, S. 347, Rn 46.
[26] Vgl. Palandt, Otto: Bürgerliches Gesetzbuch (BGB), Beck Juristischer Verlag, 70. Auflage, 2011, § 272 BGB, Rn 1.
[27] Vgl. Palandt, Otto: Bürgerliches Gesetzbuch (BGB), Beck Juristischer Verlag, 70. Auflage, 2011, § 157 BGB, Rn 16.
[28] Vgl. EuGH, Urteil v. 3.4.2008 – C-306/06.

3.3 Compliance, Corporate und Good Governance

Der Begriff Compliance bedeutet die Einhaltung, Befolgung und Übereinstimmung von gesetzlichen Vorschriften und Unternehmensrichtlinien. Compliance ist das pflichtgemäße Verhalten eines Unternehmens und seiner Mitarbeiter.[29]

Die Pflicht zur Compliance ist nicht nur auf gesetzliche Bestimmungen beschränkt, sondern es werden durch die bewusst sehr weite Definition der Deutschen Corporate Governance Kommission auch unternehmensinterne Regeln miteinbezogen ("...Einhaltung der gesetzlichen und der unternehmensinternen Richtlinien...").[30]

IT-Compliance ist ein Themengebiet der "allgemeinen Compliance". Die IT nimmt eine Querschnittsfunktion im Unternehmen ein, somit sind auch die regulatorischen Anforderungen an die IT vielfältig. Die Hauptziele von IT-Compliance und IT-Sicherheit sind Vertraulichkeit, Integrität, Verfügbarkeit und die Nachvollziehbarkeit sowie Prüfbarkeit der Schutzmaßnahmen und Verfahrensabläufe beziehungsweise -dokumentation.[31]

Im Rahmen der Bekanntmachung des Deutschen Corporate Governance Kodex i. d. F. vom 14.06.2007 kann von Corporate Governance als eine Art Unternehmensverfassung gesprochen werden, die eine Selbstverpflichtungsrichtlinie für eine gute und verantwortungsvolle Unternehmensführung darstellt, jedoch kein Gesetz ist.[32] Corporate Governance ist eine verantwortungsvolle Unternehmensführung und -kontrolle, die durch das Management umgesetzt wird.

Zu den Anforderungen und Zielen von ganzheitlichem Management und "Good Governance" gehören primär die Erfüllung der Pflichten ohne jeglichen Spielraum (Compliance) und das Agieren im vorgegebenen, zwingenden Rahmen und erst anschließend Ziele, deren Erreichung nicht zwingend vorgegeben, aber von entscheidungsbefugten Interessensgruppen gewünscht ist.[33]

---

[29] Vgl. Hauschka, Christoph E. (Hrsg.): Corporate Compliance: Handbuch der Haftungsvermeidung im Unternehmen, Beck Juristischer Verlag, 2. Auflage, 2010, S. 2 u. 4.
[30] Vgl. Behringer, Stefan (Hrsg.): Compliance für KMU: Praxisleitfaden für den Mittelstand, Erich Schmidt Verlag, 2012, S. 216-217.
[31] Vgl. Behringer, Stefan (Hrsg.): Compliance kompakt: Best Practice im Compliance Management, Erich Schmidt Verlag, 3. Auflage, 2013, S. 289-291.
[32] Vgl. Scherer, Josef/Fruth, Klaus (Hrsg.): Geschäftsführer-Compliance. Praxiswissen zu Pflichten, Haftungsrisiken und Vermeidungsstrategien, Erich Schmidt Verlag, 2009, S. 13.
[33] Vgl. Scherer, Josef: Good Governance und ganzheitliches strategisches und operatives Management: Die Anreicherung des "unternehmerischen Bauchgefühls" mit Risiko-, Chancen- und Compliancemanagement, in: Corporate Compliance Zeitschrift (CCZ), Heft 06/2012, S. 202.

Im Rahmen von Prozessoptimierungen und der Einführung neuer durch den Gesetzgeber unterstützter Verfahren ist Compliance und die lückenlose Erfüllung aller Anforderungen vor allem vor dem dargestellten steuerrechtlichen Hintergrund eine Grundvoraussetzung. Im Sinne einer Corporate und guten Governance (Good Governance) im Unternehmen zur Realisierung von Zusatznutzen, Wertbeitrag und Vorteilen für das Unternehmen sind die Prinzipalpflichten der Geschäftsführung zu betrachten. Diese sind in diesem Zusammenhang in erster Linie die Organisations-, Delegations-, Sorgfalts-, Überwachungs- und Vermögensbetreuungspflicht (Vermögensschaden und unterlassene Vermögensmehrung[34]) der Geschäftsleitung. Dabei spielt unter anderem § 280 BGB (Haftung von Pflichtverletzungen bei der Erfüllung von Verträgen) eine Rolle. Schließlich sind Abläufe, Prozesse und die Organisation im Unternehmen so abzuwandeln und zu ergänzen, dass die Erfüllung der Anforderungen sichergestellt ist. Hierbei helfen unter anderem Organigramme, Ablaufbeschreibungen, Verfahrensanweisungen und Verfahrensdokumentationen.[35]

3.4 Bedeutung von Standards

Standards, Normen oder Regelwerke sind in der Gesellschaft oder in bestimmten Teilbereichen verbindlich anerkannte Festlegungen, Regeln oder Richtlinien.

Im Gegensatz zu Gesetzen, die mit staatlicher Hoheit zwingend durchgesetzt werden können, gründen Standards grundsätzlich auf einem Konsensus von Interessenverbänden und auf Freiwilligkeit. Träger der Entwicklung und Verbreitung von Standards sind nationale oder internationale Organisationen, unter Beteiligung von Experten aus Wissenschaft und Praxis.[36]

3.5 Existierende Standards und Normen

In Bezug auf die technischen und prozessualen Standards sei an dieser Stelle auf die bereits erwähnten Standards EDIFACT der UN (United Nations – Vereinte Nationen) und für Deutschland im Speziellen auf die User Guidelines des Forums elektronische Rechnung (FeRD) ZUGFeRD verwiesen. Darüber hinaus gelten in der Industrie als de facto Standards anerkannte Umsetzungs-

---

[34] Vgl. § 263 StGB u. BGH NJW 1983, S. 1807ff.
[35] Vgl. Scherer, Josef/Fruth, Klaus (Hrsg.): Geschäftsführer-Compliance. Praxiswissen zu Pflichten, Haftungsrisiken und Vermeidungsstrategien, Erich Schmidt Verlag, 2009, S. 10-12.
[36] Vgl. Brühwiler, Bruno/Romeike, Frank: Praxisleitfaden Risikomanagement: ISO 31000 und ONR 49000 sicher anwenden, Erich Schmidt Verlag, 2010, S. 81 und vgl. BSI: http://www.bsigroup.com/en-GB/standards/Information-about-standards/what-is-a-standard/.

empfehlungen der GS1 Germany[37] hinsichtlich der Vereinbarungen zum elektronischen Datenaustausch und entsprechender Formatspezifikationen. Der Verband elektronische Rechnung e. V. (VeR) hat das Ziel der flächendeckenden Interessensvertretung seiner Mitglieder im Bereich des elektronischen Rechnungsaustausches. Außerdem leistet er über entsprechende Arbeitskreise einen Beitrag zur Standardisierung und Vereinfachung des E-Invoicing, zur Steigerung der Akzeptanz, Markttransparenz, Sicherheit und zur Definition von Qualitätsstandards aus technischer, inhaltlicher, rechtlicher und operativer Sicht und zur Einhaltung dieser Standards. Der VeR wurde im März 2009 gegründet und ist Mitglied im FeRD.

---

[37] GS1 Germany: GS1 Germany begleitet die Entwicklung und Implementierung offener, branchenübergreifender, weltweit gültiger Standards, auf deren Basis zudem auch Prozess- und Anwendungsempfehlungen im Sinne einer Wertschöpfungssteigerung entwickelt werden.

4 Organisationsstruktur, -definition und theoretische Grundlagen

4.1 Definition und Historie des Financial Supply Chain Managements

Der Begriff Financial Supply Chain Management (FSCM) tauchte erstmalig in den Jahren 2000 und 2001 auf. In diversen Publikationen wird FSCM als ein Konzept verstanden, das den gesamten Prozess von der Lieferanten- und Kundenauswahl über den Zahlungsprozess, das Reporting und die Analyse umfasst, die sich direkt auf Cash Flow und Working Capital auswirken, und das nicht nur im eigenen Unternehmen, sondern auch im Geschäftspartnernetzwerk.[38]

Somit wird für dieses Buch das FSCM als effiziente Planung, Steuerung und operative Anwendung aller relevanten Finanzprozesse verstanden, die Geld- und Wertströme unternehmensintern als auch unternehmensübergreifend mit Hilfe von Informationssystemen optimieren. Oftmals wird auch der Begriff Financial Chain Management verwendet.

4.2 Financial Supply Chain Management als Geld- und Wertstrom

Das Financial Supply Chain Management umfasst die Teilprozesse Qualifikation, Finanzierung, Preisfindung, Absicherung, Rechnungsstellung, Reklamation und Zahlung.[39]

Die folgende Abbildung verdeutlicht die Abfolge der Teilprozesse und beschreibt deren spezifische Merkmale.

---

[38] Vgl. Scheuermann, Hans-Dieter/Luther, Ines: Financial Supply Chain Management mit SAP FSCM. HMD Praxis der Wirtschaftsinformatik, 2003, S. 63.
[39] Vgl. Skiera, Bernd/König, Wolfgang/Gensler, Sonja/Weitzel, Tim/Beimborn, Daniel/Blumenberg, Stefan/Franke, Jochen/Pfaff, Donovan: Financial Chain Management: Prozessanalyse, Effizienzpotenziale und Outsourcing, E-Finance Lab (House of Finance) Goethe Universität Frankfurt am Main und Technische Universität Darmstadt, 2004, S. 17.

© Springer Fachmedien Wiesbaden GmbH, ein Teil von Springer Nature 2015
M. Kischporski, *Elektronischer Rechnungsdatenaustausch mit E-Invoicing*, Edition KWV, https://doi.org/10.1007/978-3-658-23110-1_4

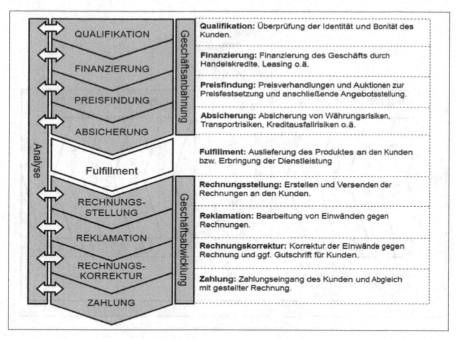

Abbildung 2:   Schematische Darstellung der Financial Supply Chain.
Eigene Darstellung, in Anlehnung an: Skiera, Bernd et al.: Financial Chain Management, 2004, S. 18.

In diesem Buch wird sich auf den Preisfindungsprozess in der Geschäftsan-
bahnungsphase und auf die Prozesse Rechnungsstellung und Zahlung, die dem
Bereich der operativen Geschäftsabwicklung zuzuordnen sind, konzentriert.

Jede Financial Supply Chain endet mit der Zahlung der Rechnung, dem damit
verbundenen Ausgleich der Forderung und somit dem juristischen Abschluss
der Transaktion.[40] Die Daten aus den einzelnen Prozessschritten werden in der
Analyse verarbeitet und ausgewertet. Dadurch sind Echtzeit-Analysen und
Optimierungen, zum Beispiel eine effiziente Ausnutzung der Zahlungskonditionen im Cash Management, möglich.

Folgende Abbildung liefert ebenfalls einen Überblick über die Financial
Supply Chain und verdeutlicht die Bedeutung der Kunden-
Lieferantenbeziehung im Kontext Supplier Relationship (SRM) und Customer
Relationship Management (CRM), auf die in den Folgekapiteln eingegangen
wird.

---

[40] Vgl. Pfaff, Donovan/Skiera, Bernd/Weiss, Jürgen: Financial Supply Chain Management, Galileo
Press Verlag, 2004, S. 22.

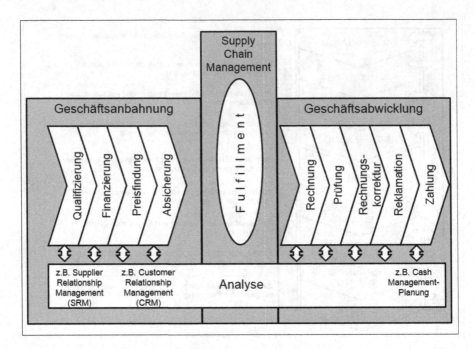

Abbildung 3: Überblick über die Financial Supply Chain.
Eigene Darstellung, in Anlehnung an: Pfaff, Donovan et al.: Financial Supply Chain Management, 2004, S. 22.

4.3 Working Capital und Cash Management

Um die Rolle des Working Capital bei der Verbesserung von Liquidität und Geschäftswertbeitrag zu verstehen, ist Working Capital nachfolgend folgendermaßen definiert. Dabei wird Working Capital auch als Netto-Umlaufvermögen bezeichnet.

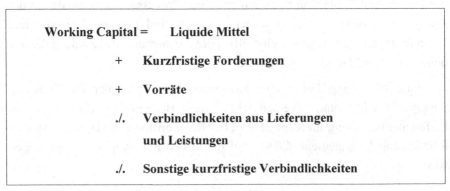

Abbildung 4: Working Capital – Definition.
Eigene Darstellung

Working Capital hat zwei Dimensionen: Geld und Zeit. Working Capital ist eine zeitpunktbezogene monetäre Größe. Die Reduzierung des Working Capital wird insbesondere erreicht durch die Beherrschung der relevanten Prozesse. Es handelt sich dabei in der Praxis um kurz- bis mittelfristig formbare Aufgabenfelder, die die Gestaltung der Forderungen, Lager- und Kassenbestände sowie Verbindlichkeiten beinhalten.[41]

Die folgende Abbildung verdeutlicht die Zusammenhänge.

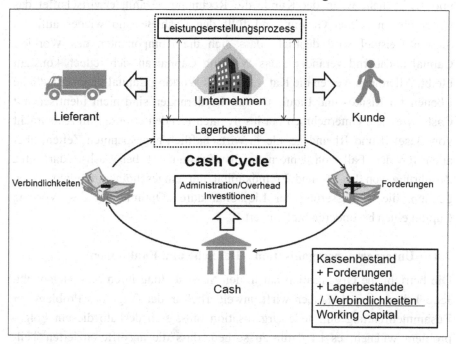

Abbildung 5: Überblick Working Capital und Cash Cycle.
Eigene Darstellung, in Anlehnung an: Klepzig, Heinz-Jürgen Klepzig: Working-Capital und Cash Flow, 2010, S. 36.

Der Working Capital Zyklus (auch Cash Cycle genannt) beinhaltet die drei Hauptprozesse mit den auch in der deutschen Literatur verwendeten Begriffen:

1. Order-to-Cash (Einnahmenmanagement)

2. Supply Chain Management (Bestandsmanagement)

3. Purchase-to-Pay (Ausgabenmanagement)

---

[41] Vgl. Klepzig, Heinz-Jürgen: Working-Capital und Cash Flow: Finanzströme durch Prozessmanagement optimieren, Gabler Verlag, 2. Auflage, 2010, S. 18-19.

Im Rahmen von Working Capital spricht man auch von Cash oder Cash Cycle Management. Guten Unternehmen gelingt es, entlang der Zeitachse im Rahmen des Working Capital und Cash Cycle jeweils Verbindlichkeiten, Forderungen und Bestände im Gleichgewicht zu halten. Der Prozess lässt sich in der Bilanz verfolgen: Bei Prozessbeginn liegt Cash vor. Wenig später wird Cash ersetzt durch Bestände an Material und wieder später durch Bestände an fertigen Gütern. Sobald die Güter verkauft sind, ergeben sich Forderungen, und schließlich, wenn der Kunde die Rechnung bezahlt, erwirtschaftet das Unternehmen seinen Gewinn und füllt den Cash-Bestand wieder auf. An diesem Beispiel wird deutlich, dass sich die Komponenten des Working Capital andauernd verändern, das Working Capital an sich jedoch konstant bleibt. Allerdings weisen die Kategorien des Working Capital unterschiedliche Ebenen für Risiko- und Liquidität auf: Forderungen sind nicht identisch mit Cash, wie viele Unternehmen bei insolventen Kunden erfahren. In Anbetracht von Basel II und III und gerade in wirtschaftlich angespannten Zeiten, aber auch für den Fall von Unternehmenswachstum ist bei Cash-Bedarf eine Zuführung von Eigen- und Fremdkapital nur eingeschränkt möglich. Dann gewinnt die Verbesserung der Liquidität durch Optimierung des Working Capital einen besonderen Stellenwert.[42]

4.4 Unternehmensorganisation – Bereiche und Funktionen

Die betriebliche Organisation hat in der Arbeitsteilung ihren Ausgangspunkt. Jede Teilung von Aufgaben wirft unweigerlich in der Folge das Problem der Zusammenführung auf. Jede Organisation muss sich deshalb diesem Folgeproblem widmen; es ist dafür zu sorgen, dass die ausdifferenzierten Teilaufgaben wieder effektiv zusammengeführt werden.[43]

In der betriebswirtschaftlichen Organisationslehre wird zwischen Aufbau- und Ablauforganisation unterschieden. Die Aufbauorganisation gliedert ein Unternehmen in Teileinheiten, ordnet ihnen Aufgaben und Kompetenzen zu und ermöglicht die Koordination der verschiedenen Organisationseinheiten. Der Ablauf des betrieblichen Geschehens hingegen findet seinen Niederschlag in der Ablauforganisation. Sie regelt primär die inhaltliche, räumliche und zeitliche Folge der Arbeitsprozesse. Dabei ist diese Trennung eine gedankliche Abstraktion. Die Trennung von Aufbau- und Ablauforganisation ist nicht eindeutig möglich und in der Praxis auch wenig sinnvoll. Bei der Gestaltung

---

[42] Vgl. Klepzig, Heinz-Jürgen: Working-Capital und Cash Flow: Finanzströme durch Prozessmanagement optimieren, Gabler Verlag, 2. Auflage, 2010, S. 35-38.
[43] Vgl. Schreyögg, Georg: Grundlagen der Organisation: Basiswissen für Studium und Praxis, Springer Gabler Verlag, 2012, S. 25.

der Strukturen müssen gleichzeitig auch die Prozesse berücksichtigt werden, wenn sie effizient sein soll.[44]

Auf eine detaillierte Analyse der Unterschiede zwischen Aufbau- und Ablauf- beziehungsweise Prozessorganisation wird an dieser Stelle verzichtet und auf die einschlägige Literatur in diesem Zusammenhang verwiesen. Es wird viel- mehr im Folgenden auf die organisatorische Struktur eines Unternehmens eingegangen, um dabei die Aufgaben und Rolle des Einkaufs, des Finanzwe- sens und vor allem das Zusammenspiel in Bezug auf die elektronische Rechnungsverarbeitung und den Zusatznutzen herauszuarbeiten.

Ein Unternehmen lässt sich klassischerweise in die Bereiche Unternehmens- leitung, Einkauf und Logistik, Forschung und Entwicklung, Produktion (Leis- tungserstellung), Vertrieb und Marketing, Finanzwesen, Rechnungswesen und Personal unterteilen. Spezielle Funktionen und Bereiche (Rechtsabteilung, Risiko- und Compliancemanagement, Informationswirtschaft und Informati- onstechnologie etc.) und deren organisatorische Einbettung werden hier nicht näher betrachtet.

Im weiteren Verlauf wird von den Begriffen Einkauf und Finanzwesen als Organisationseinheiten ausgegangen.

4.5 Einkauf

Die Versorgung von Unternehmen mit den notwendigen Gütern und Dienst- leistungen als Produktionsfaktoren wird in der betriebswirtschaftlichen Litera- tur und Praxis häufig als Einkauf, Beschaffung, Materialwirtschaft oder auch Logistik bezeichnet. Nach Wöhe ist das Ziel die Minimierung aller Kosten, die mit der Beschaffung und Bereitstellung von Materialen verbunden sind.[45] Jung sieht in dem erweiterten Einkaufsbegriff über die operativen Tätigkeiten des Versorgungsvorganges hinaus in der Schlüsselfunktion des Einkaufs innerhalb des Unternehmens ein erweitertes Aufgabengebiet, in dem der Einkauf eine gestaltende Aufgabe einnimmt, um neben der Erreichung eines optimalen Preis-/Leistungsverhältnisses weitere Aufgaben der Planung und Durch- führung von Kostensenkungsmaßnahmen wahrzunehmen.[46]

---

[44] Vgl. Vahs, Dietmar: Organisation: Ein Lehr- und Management-Buch, Schäffer-Poeschel Verlag, 8. Auflage, 2012, S. 33 u. S. 59.
[45] Vgl. Wöhe, Günter: Einführung in die Allgemeine Betriebswirtschaftslehre, Vahlen Verlag, 24. Auflage, 2010, S. 330.
[46] Vgl. Jung, Hans: Allgemeine Betriebswirtschaftslehre, Oldenburg Verlag, 12. Auflage, 2010, S. 313.

4.5.1 Lieferanten- und Einkäufersicht

Für dieses Buch ist die Analyse des Cash- und Prozessmanagements des FSCM innerhalb der Kunden- und Lieferantenbeziehung besonders relevant.

Verschiedene Ansätze zum Managen des Nettoumlaufvermögens lassen sich unter Cash- und Prozessmanagement zusammenfassen. Das Cash Management konzentriert sich auf die terminliche Steuerung von Verbindlichkeiten und Forderungen. Die folgende Abbildung stellt die unterschiedlichen Sichten aus Zuliefer- und Einkaufsperspektive dar.

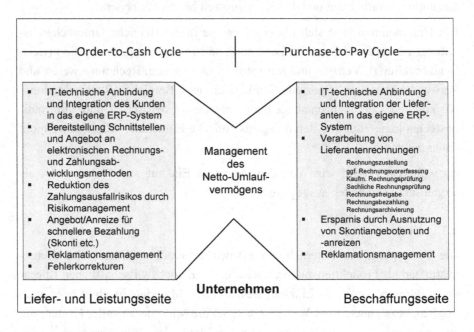

Abbildung 6: Lieferanten- und Einkäufersicht.
Eigene Darstellung.

4.5.2 Strategischer und operativer Einkauf

Büsch unterscheidet den strategischen Beschaffungsprozess (im Englischen Purchasing/Buying oder Sourcing) vom operativen Beschaffungsprozess (Procurement).[47] Ist die Tätigkeit des Einkaufs rein auf operative Tätigkeiten beschränkt, so spricht man vom "operativen Einkauf". Seine Zielfunktion richtet sich ausschließlich auf die Erreichung des betriebswirtschaftlichen Optimums, die Materialien und Dienstleistungen in der richtigen Menge, zum

---

[47] Vgl. Büsch, Marco: Praxishandbuch Strategischer Einkauf: Methoden, Verfahren, Arbeitsblätter für professionelles Beschaffungsmanagement, Gabler Verlag, 2. Auflage, 2011, S. 313.

richtigen Zeitpunkt, in der vorgegebenen Qualität am richtigen Ort zu organisieren. Die Kostenkomponente spielt dabei eine untergeordnete Rolle. Diese Aufgabe übernimmt der strategische Einkauf, der eine stärkere Orientierung an übergreifenden Fragestellungen, wie der interdisziplinären Optimierung der Beschaffungsaktivitäten und -konditionen, erfordert.[48]

Den vorwiegend operativen Bestellprozessen vorgelagert sind die vertraglichen Regelungen zwischen Abnehmer und Lieferanten.[49]

Hofbauer spricht von einem Wandel in der Beschaffung vom Erfüllungsgehilfen zum Wertgestalter. Die industrielle Entwicklung erfordert durch die Optimierung der Wertschöpfungsketten über Unternehmensgrenzen hinweg eine immer höhere Effizienz. Der mit Einkauf bezeichnete Funktionsbereich kann dieser Bedeutung nicht mehr gerecht werden. Mit der traditionellen Einkaufsfunktion werden rein operative und dispositive Tätigkeiten in Verbindung gebracht. Dieses Aufgabenfeld hat sich aber im Laufe der Zeit stark erweitert. Das Beschaffungsmanagement umfasst auch strategische Überlegungen und ist auf effizienzsteigernde Prozessorientierung ausgerichtet. Es wird auch von einem systematischen Beziehungsmanagement gesprochen, das die Einkaufshandlungsfelder vom "situativ Taktischem" hin zum "längerfristig Strategischen" verschiebt.[50]

4.5.3   Lieferantenmanagement

Unter Lieferantenmanagement versteht man alle Maßnahmen zur Beeinflussung der Lieferanten im Sinne der Unternehmensziele. Im Einzelnen zählen dazu die Auswahl, die Entwicklung und die Beurteilung der Lieferanten im Rahmen der Lieferantenpolitik auf Basis definierter Kriterien und Anforderungen.[51] Lieferantenmanagement soll deshalb dafür sorgen, externe Erfolgspotentiale zu erkennen, zu entwickeln, einzubinden und dauerhaft und nachhaltig für das Unternehmen zu nutzen. Das Lieferantenmanagement lässt sich daher gleichsetzen mit dem Management von Lieferanten-Abnehmer-Beziehungen. Da hierbei das Beziehungsmanagement in den Mittelpunkt rückt, wird auch häufig vom Supplier Relationship Management (SRM)

---

[48] Vgl. Krampf, Peter: Beschaffungsmanagement: Eine praxisorientierte Einführung in Materialwirtschaft und Einkauf, Vahlen Verlag, 2012, S. 13.
[49] Vgl. Kummer, Sebastian/Grün, Oskar/Jammernegg, Werner: Grundzüge der Beschaffung, Produktion und Logistik, Addison-Wesley Verlag, 2. Auflage, 2009, S. 137.
[50] Vgl. Hofbauer, Günter/Mashhour, Tarek/Fischer, Michael: Lieferantenmanagement: Die wertorientierte Gestaltung der Lieferbeziehung, Oldenbourg Wissenschaftsverlag, 2012, S. 1.
[51] Vgl. Kummer, Sebastian/Grün, Oskar/Jammernegg, Werner: Grundzüge der Beschaffung, Produktion und Logistik, Addison-Wesley Verlag, 2. Auflage, 2009, S. 148.

gesprochen und als Gegenstück vom Customer Relationship Management (CRM).[52]

4.5.4 Kollaborationsszenarien und Beziehungsmanagement

Die Globalisierung und der erhöhte Wettbewerbsdruck bedingen eine verstärkte Zusammenarbeit im Sinne des SRM und CRM über Unternehmensgrenzen hinweg. Heute konkurrieren nicht nur mehr einzelne Unternehmen miteinander, sondern vielmehr gesamte Wertschöpfungsketten. Die Geschäftsprozesse innerhalb der Wertschöpfungsketten werden unternehmensübergreifend in Kooperation mit Partnern, Lieferanten und Kunden entwickelt, ausgeführt und überwacht. Unter dem Begriff Kollaboration wird die konsequente Weiterentwicklung zwischenbetrieblicher Integration verstanden. Übertragen auf das FSCM bedeutet die Kollaboration mit Partner beispielsweise die elektronische Abwicklung von Lieferantenbeziehungen. Die Optimierung der Beziehungen zwischen Kunden und Lieferanten kann erreicht werden, indem zum Beispiel durch die automatisierte Prozessabwicklung falsche Rechnungen reduziert und Reklamationszeiten verkürzt werden können. Die Erhöhung der Zuverlässigkeit und die Reduzierung der Prozesszeiten führen beiderseitig zu Einsparungen.[53] Diese Optimierungen bilden die Basis und Grundvoraussetzungen für weitere Cash Management Wertbeitragspotenziale.

4.6 Finanzwesen und Finanzmanagement

Nach Wöhe ist die Aufgabe des Finanzbereichs im Unternehmen die Koordination der Zahlungsströme. Diese ist für das Unternehmen von existentieller Bedeutung, weil der Verlust der Zahlungsfähigkeit das Ende der Unternehmenstätigkeit (Insolvenz[54]) bedeuten kann.[55]

Zu den traditionellen Aufgaben des Finanzmanagements gehören die Finanzdisposition, Liquiditätssicherung und -steuerung sowie die Steuerung des Marktrisikos. Neben den operativen Tätigkeiten wie der Sicherung der Zahlungsbereitschaft oder der Steuerung und Optimierung des Zahlungsver-

---

[52] Vgl. Hofbauer, Günter/Mashhour, Tarek/Fischer, Michael: Lieferantenmanagement: Die wertorientierte Gestaltung der Lieferbeziehung, Oldenburg Wissenschaftsverlag, 2012, S. 23.
[53] Vgl. Pfaff, Donovan/Skiera, Bernd/Weiss, Jürgen: Financial Supply Chain Management, Galileo Press Verlag, 2004, S. 26-27.
[54] Vgl. InsO (Insolvenzordnung).
[55] Vgl. Wöhe, Günter: Einführung in die Allgemeine Betriebswirtschaftslehre, Vahlen Verlag, 24. Auflage, 2010, S. 282.

kehrs haben die Finanzabteilungen in Unternehmen auch eine strategische Aufgabe.[56]

Das Finanzwesen umfasst alle Bereiche im Unternehmen, die sich mit dem Thema Finanzen befassen und teilt sich klassischerweise in die Aufgabenbereiche Liquiditätssicherung, Controlling, Treasury, Finanzwirtschaft und Rechnungswesen auf.

4.6.1   Rechnungswesen, Buchhaltung und operative Finanzabwicklung

Die Buchführung oder Buchhaltung ist die zeitlich und sachlich geordnete Aufzeichnung der betrieblichen Geschäftsvorfälle.[57] Die Finanzbuchhaltung gehört innerhalb des betriebswirtschaftlichen Rechnungswesens als Kreditoren- oder Debitorenbuchhaltung mit externen Adressaten (Schuldner, Gläubiger etc.) zum externen Rechnungswesen.[58] Das Rechnungswesen erfüllt die Aufgabe der systematischen Überwachung und Erfassung aller Geld- und Leistungsströme. In diesem Buch wird der Begriff operatives Finanzwesen im Sinne einer operativen Rechnungs- und Zahlungsabwicklung verwendet (Finance Operations).

4.6.2   Einbettung des Financial Supply Chain Managements in die Organisationsstruktur

Das Kapital als aggregierte Bewegungsmasse von Finanzprozessen ist in den Wirtschaftswissenschaften bereits seit langer Zeit Gegenstand der Forschung. Das Financial Supply Chain Management – unterteilt nach strategischer Ausrichtung und operativer Abwicklung – erstreckt sich als Gesamtprozess über eine Vielzahl von organisatorischen Einheiten im Unternehmen, angefangen in der logistischen Kette vom Einkauf über die Produktion und Leistungserstellung und den Verkauf bis hin zur Finanzabteilung, in die Verwaltung und das Management.[59]

---

[56] Vgl. Pfaff, Donovan/Skiera, Bernd/Weiss, Jürgen: Financial Supply Chain Management, Galileo Press Verlag, 2004, S. 329.
[57] Vgl. Olfert, Klaus/Rahn, Horst-Joachim: Einführung in die Betriebswirtschaftslehre, Kiehl Verlag, 10. Auflage, 2010, S. 388.
[58] Vgl. Wöhe, Günter: Einführung in die Allgemeine Betriebswirtschaftslehre, Vahlen Verlag, 24. Auflage, 2010, S. 693.
[59] Vgl. Skiera, Bernd/König, Wolfgang/Gensler, Sonja/Weitzel, Tim/Beimborn, Daniel/Blumenberg, Stefan/Franke, Jochen/Pfaff, Donovan: Financial Chain Management: Prozessanalyse, Effizienzpotenziale und Outsourcing, E-Finance Lab (House of Finance) Goethe Universität Frankfurt am Main und Technische Universität Darmstadt, 2004, S. 23.

4.7 Zusammenspiel Einkauf und Finanzwesen

Um eine optimale Prozessunterstützung zu gewährleisten, müssen Prozesse und Organisationsstruktur aufeinander abgestimmt werden. Unternehmen mit einem klassischen und nicht prozessorientiert ausgerichteten Verständnis des FSCM ordnen deren operative Abwicklung eher einer einzelnen Organisationseinheit zu. Die Zuordnung der Planung und strategischen Ausrichtung des FSCM kann und sollte dagegen zentral erfolgen, um den Gesamtprozess über die Grenzen einzelner organisatorischer Einheiten hinweg planen zu können.[60]

Die klassische Unterscheidung zwischen Effektivität und Effizienz – hier relevant im Zusammenspiel zwischen Einkauf und Finanzen – geht auf den amerikanischen Managementwissenschaftler Peter F. Drucker[61] zurück. Eine Organisation ist demnach effektiv, wenn sie die richtigen Ziele anstrebt und erreicht ("doing the right things"). Organisatorische Maßnahmen sind demnach effektiv, wenn sie grundsätzlich zur Erreichung von Organisationszielen geeignet sind. Eine Organisation ist effizient, wenn sie die richtigen Mittel einsetzt, um die angestrebten Ziele zu erreichen ("doing the things right").[62]

Nach Vahs und den Betrachtungen von Kosiol hinsichtlich der zeitlichen Rangfolge der Gestaltung der Aufbauorganisation und der nachgelagerten Gestaltung der Ablauforganisation[63] werden stellenübergreifende Abläufe vom klassischen Organisationsansatz nicht ausreichend berücksichtigt. Die Prozesse werden sozusagen erst nachträglich in die bestehende Aufbauorganisation "hineinorganisiert". Als Folge einer fehlenden Ausrichtung der Aufbauorganisation auf die Belange von bereichsübergreifenden Prozessen ergeben sich Mängel, Steuerungsprobleme, erhöhter Koordinations- und Regelungsbedarf, Informationsfilterung, Funktions- und Hierarchiebarrieren, funktionale Abschottung, unnötige Schnittstellen und dadurch Dysfunktionalitäten, die nicht wertschöpfend für das Unternehmen sind. Das Ressortdenken und die Intransparenz der betrieblichen Abläufe führen zu operativen Inseln beziehungsweise Bereichs- oder Silodenken. Die Wettbewerbs- und Überlebensfähigkeit von Unternehmen hängen aber heute mehr denn je von der schnellen, fehlerfreien, flexiblen und kostengünstigen Abwicklung der auf den

---

[60] Vgl. Skiera, Bernd/König, Wolfgang/Gensler, Sonja/Weitzel, Tim/Beimborn, Daniel/Blumenberg, Stefan/Franke, Jochen/Pfaff, Donovan: Financial Chain Management: Prozessanalyse, Effizienzpotenziale und Outsourcing, E-Finance Lab (House of Finance) Goethe Universität Frankfurt am Main und Technische Universität Darmstadt, 2004, S. 23.

[61] Vgl. Drucker, Peter F.: US-amerikanischer Ökonom, Vorreiter der modernen Managementlehre.

[62] Vgl. Vahs, Dietmar: Organisation: Ein Lehr- und Management-Buch, Schäffer-Poeschel Verlag, 8. Auflage, 2012, S. 15-16.

[63] Vgl. Kosiol, Erich: Organisation der Unternehmung, Gabler Verlag, 2. Auflage, 1976, S. 187

externen Kunden – aber auch den Lieferanten – gerichteten Geschäftsprozesse ab. Deshalb gewinnt die Prozessorientierung in allen Bereichen zunehmend an Bedeutung.[64]

Es kann festgestellt werden, dass sich in der betriebswirtschaftlichen Literatur, Forschung, aber auch in der betrieblichen Praxis noch wenige direkte Verknüpfungen zwischen dem operativen Finanzwesen und dem strategischen Einkauf finden. Prozessoptimierungen im operativen Finanzwesen bedingen jedoch eine enge Einbindung des Einkaufs im Sinne eines strategischen Lieferantenmanagements zur beidseitigen Optimierung der operativen Geschäftskosten in der Kunden-Lieferanten-Beziehung. Dabei schränkt oft die unzureichende Kapazität des Einkaufs in qualitativer und quantitativer Hinsicht und die oftmals vorliegende Fokussierung auf das operative Einkaufsgeschäft die Umsetzung strategischer Ansätze und Aktivitäten ein. Oftmals ist auch die Aufgabenverteilung zwischen Einkauf und den Fach-abteilungen, im betrachteten Fall mit dem operativen Finanzwesen der Kredi-toren- und Debitorenbuchhaltung (Finance Operations), nicht eindeutig geregelt. Die folgenden Kapitel geben einen Überblick über die relevanten Prozesse und zeigen Möglichkeiten der Wertbeitragsgenerierung im Zusammenspiel und in Bezug auf das Außenverhältnis zwischen Lieferant und Einkauf auf.

---

[64] Vgl. Vahs, Dietmar: Organisation: Ein Lehr- und Management-Buch, Schäffer-Poeschel Verlag, 8. Auflage, 2012, S. 225-227.

5 Prozesssicht

5.1 Kern- und Unterprozesse

Es ist zwischen unterschiedlichen Prozessarten zu unterscheiden. Geschäftsprozesse werden auch Kernprozesse, Schlüsselprozesse oder End-to-End-Prozesse genannt und sind damit den Primärprozessen[65] nach Porter identisch (Eingangslogistik, Operative Bereiche etc.). Supportprozesse oder Unterprozesse entsprechen den Sekundärprozessen (Beschaffung, Technologieumsetzung und -entwicklung, Infrastruktur etc.).[66]

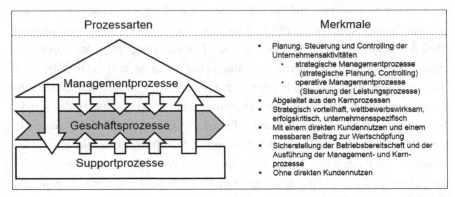

Abbildung 7: Wesentliche Merkmale der verschiedenen Prozessarten und ihr Zusammenwirken. Eigene Darstellung, in Anlehnung an: Vahs, Dietmar: Organisation, 2012, S. 242.

5.2 Schnittstellen

Der Working Capital Zyklus umfasst drei Geschäftsprozesse beziehungsweise Kernprozesse:

1. Purchase-to-Pay = Ausgabenmanagement

2. Supply Chain = Bestandsmanagement

3. Order-to-Cash = Einnahmenmanagement

In der Praxis gibt es tatsächlich nur wenige Unternehmen, die einen zentralen Working Capital Manager in der Organisation eingebettet haben, der die drei aufgezeigten Prozesse überblickt und ein abgestimmtes Prozessmanagement mit den entsprechenden Schnittstellen betreibt.[67]

---

[65] Vgl. Porter, Michael E.: Wettbewerbsvorteile (Competitive Advantage), Spitzenleistungen erreichen und behaupten, Gabler Verlag, 7. Auflage, 2010.
[66] Vgl. Vahs, Dietmar: Organisation: Ein Lehr- und Management-Buch, Schäffer-Poeschel Verlag, 8. Auflage, 2012, S. 238-242..
[67] Vgl. Klepzig, Heinz-Jürgen: Working-Capital und Cash Flow: Finanzströme durch Prozessmanagement optimieren, Gabler Verlag, 2. Auflage, 2010, S. 39.

© Springer Fachmedien Wiesbaden GmbH, ein Teil von Springer Nature 2015
M. Kischporski, *Elektronischer Rechnungsdatenaustausch mit E-Invoicing*,
Edition KWV, https://doi.org/10.1007/978-3-658-23110-1_5

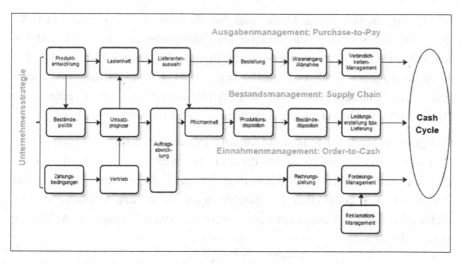

Abbildung 8: Kernprozesse und Schnittstellen des Working Capital Managements. Eigene Darstellung, in Anlehnung an: Wildemann, Horst: Asset Management und Working Capital Controlling, 2010, S. 39.

5.3 Prozessmodellierung mit BPMN 2.0

Für das Management von Geschäftsprozessen müssen diese beschrieben und dokumentiert werden. Hierzu gibt es verschiedene Möglichkeiten. Im einfachsten Fall werden textuelle oder tabellarische Beschreibungen verwendet. Häufig werden Präsentations- oder Grafikprogramme genutzt, um einfache Ablaufdiagramme zu erstellen. Sie bestehen meist aus Kästchen und Pfeilen, wobei keiner bestimmten Methodik gefolgt wird. Zur genauen Darstellung komplexer Prozesse mit allen relevanten Aspekten, wie Verzweigungsregeln, Ereignissen, ausführenden Organisationseinheiten, Datenflüssen etc. genügt dies nicht. Hierfür werden geeignete Notationen benötigt. Eine Notation für die grafische Geschäftsprozessmodellierung legt unter anderem fest, mit welchen Symbolen die verschiedenen Elemente von Prozessen dargestellt werden, was sie genau bedeuten und wie sie miteinander kombiniert werden können. Auch das zunehmend relevante Thema "Governance, Risk und Compliance" (GRC) erfordert den Aufbau und die einheitliche und vollständige Dokumentation geeigneter Prozesse, mit denen sichergestellt wird, dass alle gesetzlichen und branchenspezifischen Anforderungen erfüllt werden.[68]

---

[68] Vgl. Allweyer, Thomas: BPMN 2.0 – Business Process Modeling Notation: Einführung in den Standard für die Geschäftsprozessmodellierung, Books on Demand Verlag, 2. Auflage, 2009, S. 8.

BPMN (Business Process Model und Notation) in der Version 2.0 (BPMN 2.0) hat sich als neuer Standard für Geschäftsprozessmodellierung etabliert und binnen kurzer Zeit eine weite Verbreitung in der Praxis gefunden. BPMN-Modelle können durch das ausführbare BPEL-Format (Business Process Execution Language) in Form von Workflow- (Workflow Engine) oder Business Process Management-Systemen (BPMS) ausgeführt werden.

Der gesamte Prozess ist meist ein komplexes Zusammenspiel der involvierten Parteien und IT-Systeme, die im Prozess die einzelnen Aufgaben ausführen. Dabei kommt es im operativen Prozessmodell darauf an, genau dieses Zusammenspiel gedanklich zu durchdringen, damit organisatorische oder technische Verbesserungen entworfen werden können.[69] Folgende Abbildung verdeutlicht dies.

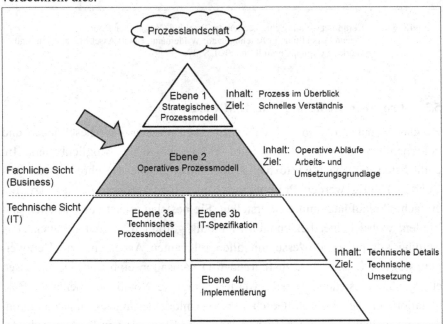

Abbildung 9: Operatives Prozessmodell/BPMN Framework.
Eigene Darstellung, in Anlehnung an: Freund, Jakob/Rücker, Bernd: Praxishandbuch BPMN 2.0, 2012, S. 146.

Die Prozessdarstellung in diesem Buch folgt – trotz der überschaubaren Komplexität der Hauptprozesse – der Darstellung nach BPMN 2.0.

---

[69] Vgl. Freund, Jakob/Rücker, Bernd: Praxishandbuch BPMN 2.0, Hanser Verlag, 3. Auflage, 2012, S. 145.

5.4 Einkaufsprozess (Purchasing/Procurement) und Procure-to-Pay-Prozess (P2P)

Im Folgenden wird der generische und klassische Einkaufsprozess aufgezeigt, um im Detail auf den Purchase-to-Pay Prozess einzugehen.

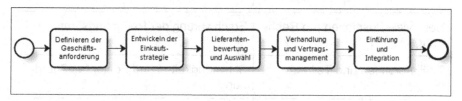

Abbildung 10: Einkaufsprozess.
Eigene Darstellung.

Purchase-to-Pay-Prozess (oftmals auch Procure-to-Pay-Prozess genannt) bedeutet wörtlich "Einkauf-bis-Bezahlung-Prozess" und bezeichnet die Abfolge von Vorgängen, die im Unternehmen von der Beschaffung bis zum Bezahlen einer Rechnung abgewickelt werden. Dazu gehören eine Bedarfsmeldung, Bestellung, gegebenenfalls Auftragsbestätigung, Lieferung und Rechnungszahlung einschließlich aller Überprüfungen (kaufmännische und sachliche Rechnungsprüfung und unter Umständen eine Rechnungsvorerfassung), Freigabeprozesse und Dokumente, die in diesem Zusammenhang anfallen. Am Gesamtprozess sind in der Regel eine Vielzahl an Personen und Abteilungen beteiligt. Somit geht es beim Purchase-to-Pay-Prozess (P2P) um die Verzahnung von Einkauf und Rechnungsverarbeitung.

Viele Unternehmen sparen im Einkauf durch die konsequente Automatisierung der Prozesse bereits Zeit und Geld. Der nächste Schritt ist nun, mit der elektronischen Verarbeitung der Eingangsrechnungen einen durchgängigen Beschaffungsprozess von der Bestellung bis zur Bezahlung zu schaffen.

Damit lassen sich Finanzprozesse flexibel steuern und automatisieren, vom Einkauf bis zur Rechnungsbearbeitung. Das schließt sowohl die Debitoren- und Kreditorenbuchhaltung als auch den Einkauf mit ein. Die abteilungs- und unternehmensübergreifenden Prozesse sorgen für einen transparenten Cash Flow und eine enge Verzahnung von Lieferanten und Kunden.

5.5 Rechnungsprozess

Das Verständnis des Rechnungsprozesses ist wichtig für das Aufzeigen der unterschiedlichen Reifegrade in Bezug auf die Rechnungseingangsautomatisierung und Fehler im operativen Prozessablauf (Prozessdefekte[70]). Beispiele für Prozessdefekte, die die Rechnungsprüfungs-, Rechnungsreklamations- und damit Rechnungsdurchlaufzeiten verlängern, sind:

Prozessdefekte	Ausprägung
Sehr viele Positionen pro Rechnung	Erschwerung der Rechnungsprüfung
Teillieferungen und Teilrechnungen	Schwierigkeiten und Fehler bei Zuordnung
Mehrere Bestellnummern auf einer Rechnung	Schwierigkeiten und Fehler bei Zuordnung von Rechnungen zu Bestellungen und umgekehrt; Buchungsfehler bei Sachkontenbuchungen
(Partielle) Rücksendungen und Teilwarenvereinnahmungen	Schwierigkeiten und Fehler bei Zuordnung
Ein unzureichender Wareneingangs- oder Abnahmeprozess	Fehler in der Logistik erschweren Rechnungsprüfung beziehungsweise machen diese unmöglich
Fehlerhafte oder keine Bestellnummer auf der Rechnung	Fehler bei der Zuordnung, Reklamationsprozesse und somit verlängerte Rechnungsprüfungs- und Zahlungszeiten
Sich wiederholende Rechnungsnummern	Compliance Verstoß im Sinne § 14 UStG, Fehlerbehandlungsprozessmanagement

Tabelle 1:   Prozessdefekte beim Rechnungseingang – Beispiele.

Die folgende Abbildung zeigt den Procure-to-Pay-Prozess inklusive Rechnungsprozess in einem Flussdiagramm auf.

---

[70] Vgl.: Hierbei eignen sich Qualitätsoptimierungsmethoden und Qualitätsziele wie Six Sigma, die die Anzahl von Fehlern in repetitiven Prozessschritten optimieren. Dabei werden die Defekte in einem Prozess (Defects) in einer Grundgesamtheit (Fehler und Fehlermöglichkeiten) gemessen und optimiert (Defects Per Million Opportunities – DPMO). 3,4 DPMO (6 Sigma) ist die Kennzahl und das Qualitätsziel für einen "perfekten" Prozess. Zur Vertiefung: Vgl. Töpfer, Armin (Hrsg.): Six Sigma: Konzeption und Erfolgsbeispiele für praktizierte Null-Fehler-Qualität, Springer Verlag, 4. Auflage, 2007.

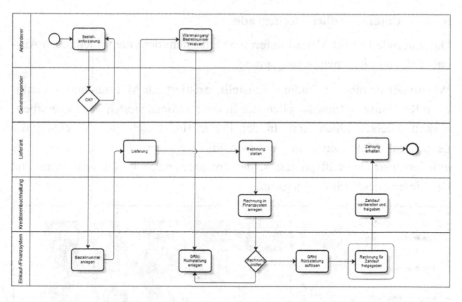

Abbildung 11: Purchase-to-Pay-Prozess und Rechnungsprozess.
Eigene Darstellung (BPMN 2.0).

5.6 Reifegrad

Hinsichtlich der Art und Weise wie Unternehmen elektronische Rechnungen versenden, empfangen und weiterverarbeiten gibt es unterschiedliche Ausbaustufen und Reifegrade.

Die meisten Unternehmen erhalten bereits Rechnungen in elektronischer Form. Nach einer von ibi research an der Universität Regensburg im Jahr 2011 durchgeführten Studie haben etwa 80% der befragten Unternehmen bereits Rechnungen in elektronischer Form erhalten, wenn auch teilweise in geringem Umfang.[71] Erstaunlich ist, dass zwischen 64% und 87% der Unternehmen (abhängig der Unternehmensgröße und unter der Möglichkeit von Mehrfachauswahlen) die elektronischen Rechnungen (meist als unstrukturierte Daten in Form von PDF-Rechnungen) für die weitere Bearbeitung ausgedruckt werden. Etwa 93% der Rechnungen zwischen Unternehmen werden papierbasiert per Post oder als unstrukturierte Daten, nur etwa 6-7% werden als strukturierte Daten per EDI versendet.

---

[71] Vgl. Online-Umfrage von ibi research an der Universität Regensburg im Rahmen des vom Bundesministerium für Wirtschaft und Technologie (BMWi) geförderten Netzwerks Elektronischer Geschäftsverkehr (NEG) mit 857 Teilnehmern und 557 auswertbaren Ergebnissen vom Juli 2011. Vollständige Studie unter: ibi research 2013 an der Universität Regensburg: Elektronische Rechnungsabwicklung – einfach, effizient, sicher – Teil III: Fakten aus der Unternehmenspraxis (www.elektronische-rechnungsabwicklung.de), Juli 2011.

5.6.1 Unterschiedliche Reifegrade

Das folgende Hybrid-Modell liefert eine Übersicht der unterschiedlichen Ausbaustufen und Automatisierungsgrade.

Wie in der erwähnten Studie dargestellt, existiert ein Mix aus unterschiedlichen Rechnungseingangskanälen, die in ihrer automatisierten Weiterverarbeitbarkeit unterschiedlich sind. In der Praxis findet sich eine Mischung der genannten Methoden mit unterschiedlicher Verteilung abhängig des existierenden Geschäftsprozesses, des entsprechenden Projektfortschritts und der Lieferantendurchdringungsrate.

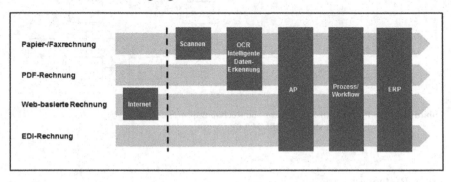

Abbildung 12: Reifegrade: Papier- und elektronische Rechnung/Hybrid-Modell.
Eigene Darstellung.

Zur Generierung eines Wertbeitrags und Zusatznutzens ist ein hoher Automatisierungsreifegrad Voraussetzung, der eine weitestgehend elektronische Weiterverarbeitbarkeit und Transparenz der Eingangsrechnungen sicherstellt, um Durchlaufzeiten im Sinne einer Prozessoptimierung zu verkürzen.

5.6.2 Prozessmanagement

Schmelzer unterscheidet zwischen Prozessen und Geschäftsprozessen. Ein Prozess besteht aus einer Folge von Aktivitäten, die aus einer Reihe von Inputs einen bestimmten Output erzeugen. Geschäftsprozesse bestehen aus der funktions- und organisationsüberschreitenden Verknüpfung wertschöpfender Aktivitäten, die von Kunden (oder Lieferanten) erwartete Leistungen erzeugen und die aus der Geschäftsstrategie abgeleiteten Prozessziele umsetzen.[72] In diesem Buch wird sowohl von Prozessen und Geschäftsprozessen gesprochen,

---

[72] Vgl. Schmelzer, Hermann J./Sesselmann, Wolfgang: Geschäftsprozessmanagement in der Praxis: Kunden zufrieden stellen – Produktivität steigern – Wert erhöhen, Hanser Verlag, 7. Auflage, 2010, S. 62-63.

beide Termini beziehen sich auf einen betriebswirtschaftlich und unternehme-
risch relevanten Kontext. Die Prozessorganisation soll einen wesentlichen
Beitrag zum Unternehmenserfolg leisten. Statt dieser globalen Zielsetzung
werden daher als generelle, allgemein gültige Einzelziele die Verkürzung der
Durchlaufzeiten, die Erhöhung der Prozessqualität, die Verbesserung der
Innovationsfähigkeit und die Senkung der Prozesskosten genannt.[73] In diesem
Buch wird der Faktor Zeit im Sinne von Prozessdurchlaufzeiten als Basis und
Grundvoraussetzung für die Schaffung eines gemeinsamen und ganzheitlichen
Zusatznutzens und Wertbeitrags im Rahmen der Working Capital Optimierung
betrachtet.

5.6.3 Prozessoptimierung

Die Kritikalität und die Ziele von Prozessen sind wesentlich. Folgende Abbildung veranschaulicht den Einfluss von (kritischen) Prozessen auf den Unternehmenserfolg und die Bedeutung für externe Parteien.

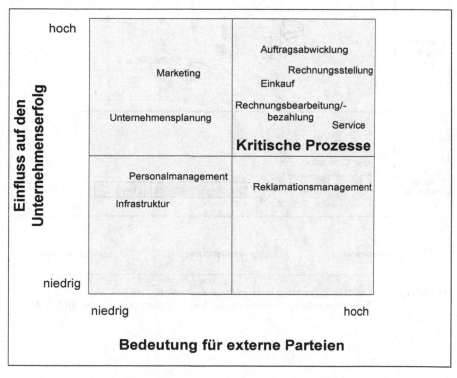

Abbildung 13: Kritikalität, Einfluss und Bedeutung von Prozessen – Beispiele.
Eigene Darstellung.

---

[73] Vgl. Vahs, Dietmar: Organisation: Ein Lehr- und Management-Buch, Schäffer-Poeschel Verlag,
8. Auflage, 2012, S. 243.

Der Faktor Zeit ist ein wesentliches Differenzierungsmerkmal im Hinblick auf den Kunden- und Lieferantennutzen und den Wettbewerb. Deshalb besitzt die Durchlaufzeit (eines Prozesses) im Rahmen der Prozessorganisation eine sehr große Bedeutung. Die Durchlaufzeit setzt sich aus der Durchführungszeit (Ausführungszeit- und Rüstzeit), der Transferzeit und der Liegezeit zusammen.[74]

Die Zeitgewinne und die daraus resultierende erhöhte Reaktionsfähigkeit erlauben nun Unternehmen eine erhöhte Kontrolle über den Prozess und somit eine Kontrolle über die Gestaltung und Optimierung der Cash Flow Positionen. Die folgende Abbildung zeigt die Durchlaufzeitverkürzung durch Prozessoptimierung auf.

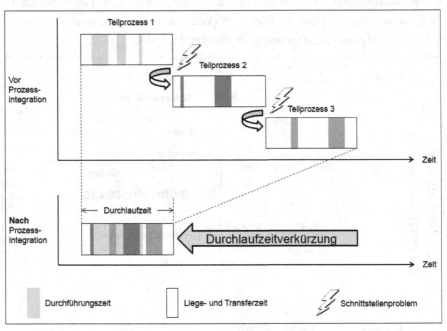

Abbildung 14: Durchlaufzeitverkürzung durch Prozessoptimierung.
Eigene Darstellung, in Anlehnung an: Vahs, Dietmar: Organisation, 2012, S. 245.

---

[74] Vgl. Vahs, Dietmar: Organisation: Ein Lehr- und Management-Buch, Schäffer-Poeschel Verlag, 8. Auflage, 2012, S. 243 u. S. 245.

6 Relevanz für die Geschäftsführung und Führungskräfte

6.1 Entwicklungen und Trends

Geschäftsprozesse und vor allem Geschäftsbelege in der operativen Abwicklung und im Austausch zwischen Unternehmen und zwischen Unternehmen und Behörden erhalten eine immer größer werdende Bedeutung. Der Gesetzgeber hat beispielsweise durch die Einführung der E-Bilanz erste regulatorische Schritte in Richtung Complianceanforderungen und eigenem Risikomanagement für eine zielgerichtete Betriebsprüfung unternommen. Gerade im Kontext der umsatzsteuerrechtlichen Thematik ist davon auszugehen, dass der Gesetzgeber aus Effizienz-, Kosten- aber auch aus Transparenzgründen weitere Anstrengungen unternehmen wird, Anforderungen hinsichtlich des Austauschs rechtsgültiger Belege in Form von Rechnungen vorzunehmen. Die elektronische Auswertbarkeit von großen Datenmengen als Datenanalyse (Big Data) stellt heutzutage keinen Hindernisgrund mehr dar. Aus internationaler Sicht haben wie einleitend erwähnt bereits einige Länder wie Österreich, Schweden, Dänemark und weitere die elektronische Rechnung (im ersten Schritt zwischen Behörden und Unternehmen) als verpflichtend deklariert. Eine normative Anforderung seitens Behörden und öffentlichen Einrichtungen, Rechnungen nur noch elektronisch (in einem definierten Format) zu akzeptieren wird eine Katalysatorwirkung auf den Business-to-Business Bereich entfalten.

Die Einführung der E-Rechnung im Rahmen einer Prozessdigitalisierung ist kein reines IT-Thema, sondern eine ganzheitliche Compliance-, betriebswirtschaftliche und Wertbeitrags-Thematik. Wie die prozentuale Verteilung von Papier und elektronischen Rechnungen im Gesamtkontext zeigt, bestehen aktuell im Sinne eines "Early Movers"-Ansatzes erhebliche Wertschöpfungspotentiale, die es zu nutzen gilt.

Europäische Unternehmen werden weitere Investitionen in kosteneffiziente Beschaffung, Zahlungsverkehr und Rechnungswesen sowie die unterstützenden ERP-Systeme (Enterprise Resource Planning) und Dienstleistungen tätigen. Solche Prozesse werden nur noch minimale manuelle Eingriffe benötigen. Transaktionsreferenzen werden durchgehend mitgeführt werden, um die Kontrolle und die Erzeugung nützlicher und rechtzeitiger Management-information zu unterstützen. Die ERP-Systeme werden vollständig in der Lage sein, elektronische Rechnungen sowohl für die direkte Übertragung zwischen Geschäftspartnern als auch für die Übertragung über Dienstleister zu erstellen. Die elektronische Rechnungsabwicklung wird als Treiber für die Dematerialisierung und Digitalisierung von anderen Geschäftsdokumenten

© Springer Fachmedien Wiesbaden GmbH, ein Teil von Springer Nature 2015
M. Kischporski, *Elektronischer Rechnungsdatenaustausch mit E-Invoicing*,
Edition KWV, https://doi.org/10.1007/978-3-658-23110-1_6

und -prozessen dienen. Die Vorfinanzierung von Rechnungen und die auftragsbasierte Finanzierung (siehe auch dazu "Dynamic Discounting" in Kapitel 7) kann automatisiert werden, um die Finanzierung für KMU einfacher und kostengünstiger zu gestalten. Auf einem wettbewerbsorientierten Markt wird ein angemessener Anteil an Einsparungen, die in den Prozessen des Verkäufers, durch geringere Risikoniveaus, durch verbesserten Cash Flow und durch günstigere Finanzierungskonditionen erzielt werden, auf den Käufer in Form von niedrigeren Preisen und verbesserten Konditionen übertragen. Diese Situation wird nur erreicht, wenn Käufer den Vorteil daran erkennen, dass die Verkäufer sich allgemeinen Werkzeugen und Standards zuwenden. Dann wird der Nutzen sowohl in Form geringerer Preise als auch in Form von standardisierten digitalen Inputs in die Beschaffungs- und Zahlungsprozesse realisiert. Es bieten sich Dienstleistungen, die eine automatisierte aktualisierte Cash Flow Schätzung in Echtzeit (unterstützt durch Simulationen) zur Verfügung stellen, die auf dem Rechnungsaufkommen, Zahlungsgewohnheiten und erfolgten Zahlungen basiert.[75]

6.2 Messbare Kennzahlen und Indikatoren

Der Soll-Ist-Vergleich, also die Feststellung von Abweichungen vom angestrebten Standard, ist maßgeblicher Ausgangspunkt für das Erkennen von Änderungsnotwendigkeiten im Cash und Working Capital Management. Dies ist nur möglich, wenn unternehmensbezogene Indikatoren bekannt sind, die die im Unternehmen zulässigen Bandbreiten und Interventionspunkte festlegen. Indikatoren sind Anzeichen für Veränderungen. Es sind Veränderungssymptome, die über die Ursache der Veränderungen keine Aussage liefern. Die richtige Auswahl von Indikatoren erleichtert sowohl die Interpretation der Veränderungen wie auch speziell die Ursachenforschung.[76]

6.2.1 DSO – Days Sales Outstanding (Lieferantensicht)

Aus Lieferantensicht ist die Kennzahl DSO (Days Sales Outstanding) im Rahmen des Order-to-Cash-Prozesses als Forderungsreichweite zu definieren,

---

[75] Vgl. Harald, Bo (Chairman European Commission Expert Group on E-Invoicing), in: ibi research an der Universität Regensburg: Elektronische Rechnungsabwicklung – einfach, effizient, sicher – Teil I: Rahmenbedingungen und Marktüberblick
(www.elektronische-rechnungsabwicklung.de), Juni 2013, S. 17 u. S. 19-20.
[76] Vgl. Klepzig, Heinz-Jürgen: Working-Capital und Cash Flow: Finanzströme durch Prozessmanagement optimieren, Gabler Verlag, 2. Auflage, 2010, S. 49.

also als durchschnittlicher Zeitraum zwischen Rechnungslegung und Zahlung, zum Beispiel pro Kunde, Vertriebsmitarbeiter, Monat etc.[77]

Die DSO ist eine Kennziffer, die Auskunft über das Zahlungsverhalten von Kunden liefert. Es handelt sich hierbei um das Zeitintervall zwischen dem Versand der Rechnung bis zum tatsächlichen Zahlungseingang im Unternehmen, wobei nur Erlöse betrachtet werden, die bereits im Unternehmen verbucht wurden beziehungsweise bei denen die Zahlung durch den Kunden initiiert wurde.[78]

6.2.2 DPO – Days Payables Outstanding (Einkäufersicht)

Im Rahmen des Purchase-to-Pay-Prozesses als Verbindlichkeitsreichweite definiert, die durchschnittliche Umsatzdeckung durch Verbindlichkeiten. Eine mögliche Ursache für schlechte Indikatoren sind gegebenenfalls zu schnelle Zahlungen.

6.2.3 DOH – Days On Hand

Die Kennzahl der Vorratsreichweite Days On Hand (DOH) verdeutlicht die durchschnittliche Anzahl der Tage, die ein Produkt im Lager ist, bevor es verkauft wird. Je kleiner die DOH, desto höher ist der Vorratsumschlag beziehungsweise Lagerumschlag eines Unternehmens. Die Kennzahl DOH wird auch DIO (Days Inventory Outstanding) oder DIH (Days Inventory Held) genannt.[79]

6.2.4 DWC – Days Working Capital

Der Begriff Days Working Capital (DWC) misst die durchschnittliche Kapitalbindungsdauer, die Cash-to-Cash Cycle Time oder die Cash Conversion Rate in Tagen. Dies ist ein Ausdruck für die Geschwindigkeit, mit der ein Unternehmen Liquiditätsabfluss in Liquiditätszufluss umwandelt und gibt an, wie viele Tage Umsatz im Unternehmen vorfinanziert werden muss.

---

[77] Vgl. Klepzig, Heinz-Jürgen: Working-Capital und Cash Flow: Finanzströme durch Prozessmanagement optimieren, Gabler Verlag, 2. Auflage, 2010, S. 50.
[78] Vgl. Skiera, Bernd/König, Wolfgang/Gensler, Sonja/Weitzel, Tim/Beimborn, Daniel/Blumenberg, Stefan/Franke, Jochen/Pfaff, Donovan: Financial Chain Management: Prozessanalyse, Effizienzpotenziale und Outsourcing, E-Finance Lab (House of Finance) Goethe Universität Frankfurt am Main und Technische Universität Darmstadt, 2004, S. 93.
[79] Vgl. Meyer, Christian: Working Capital und Unternehmenswert: Eine Analyse zum Management der Forderungen und Verbindlichkeiten aus Lieferungen und Leistungen, Deutscher Universitäts-Verlag, 2007, S. 115.

$$DWC=DSO+DOH-DPO$$

$$DSO=\frac{\text{Forderungen aus Lieferungen und Leistungen}}{\text{Umsatzerlöse}}\text{X }365$$

$$DOH=\frac{\text{Durchschnittliche Lagerbestände}}{\text{Umsatzerlöse}}\text{X }365$$

$$DPO=\frac{\text{Verbindlichkeiten aus Lieferungen und Leistungen}}{\text{Umsatzerlöse}}\text{X }365$$

Abbildung 15:   Formeln: Days Working Capital.

6.2.5   ROI – Return On Investment

Das traditionelle DuPont-Schema[80] des Return On Investment (ROI) veranschaulicht, dass ein niedriges Umlauf- und Anlagevermögen über einen erhöhten Gesamtkapitalumschlag zu einem verbesserten ROI führen.

---

[80] Das durch den Chemiekonzern DuPont im Jahre 1919 entwickelte DuPont-Schema ist das bekannteste Kennzahlensystem. Zur Ermittlung des ROI wird der Jahreserfolg zum eingesetzten Gesamtkapital ins Verhältnis gesetzt. Vgl. hierzu auch: Wöhe, Günter: Einführung in die Allgemeine Betriebswirtschaftslehre, Vahlen Verlag, 24. Auflage, 2010, S. 211 u. 917.

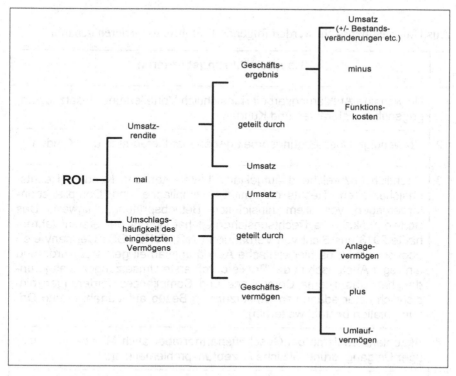

Abbildung 16: Return On Investment (ROI) – DuPont Pyramide.
Eigene Darstellung.

6.3 Empirische Untersuchungen: Umsetzungshemmnisse

Um Ansatzpunkte für eine Prozessoptimierung und weitere Optimierungs-
potenziale als Zusatznutzen zu diskutieren, ist es wichtig, die Umsetzungshemmnisse für die Einführung des elektronischen Rechnungsaustausches zu
betrachten. Dazu liefert die Studie der ibi research an der Universität Regensburg ebenfalls Ergebnisse.[81]

---

[81] Vgl. Online-Umfrage von ibi research an der Universität Regensburg im Rahmen des vom Bundesministerium für Wirtschaft und Technologie (BMWi) geförderten Netzwerks Elektronischer Geschäftsverkehr (NEG) mit 857 Teilnehmern und 557 auswertbaren Ergebnissen vom Juli 2011. Vollständige Studie unter: ibi research 2013 an der Universität Regensburg: Elektronische Rechnungsabwicklung – einfach, effizient, sicher – Teil III: Fakten aus der Unternehmenspraxis
(www.elektronische-rechnungsabwicklung.de), Juli 2011.

Aus Unternehmenssicht werden folgende Einführungsbarrieren genannt:

Haupteinführungsbarrieren	
1	Notwendige Aufklärungsarbeit (hinsichtlich Vorteilen und Zusatznutzen) gegenüber Lieferanten und Kunden
2	Notwendige Überzeugungsarbeit gegenüber Lieferanten und Kunden
3	Rechtlich unzureichend aufgeklärte Lieferanten und Kunden (Rechtsunsicherheiten, Rechtskonformität, Compliance und Complianceanforderungen vor allem hinsichtlich Betriebsprüfung; Hinweis: Das Schwerpunktthema Rechtsunsicherheit hat sich in der ersten Jahreshälfte 2013 aus Sicht von Verbänden (VeR, FeRD, GS1 Germany etc.) abgeschwächt, da hier vielfache Aufklärungsarbeit geleistet wurde und ein reger Austausch in der Praxis durch erste Umsetzungen stattgefunden hat. Das Thema Compliance und Complianceanforderungen hinsichtlich einer adäquaten Umsetzung in Bezug auf Verfahren und Dokumentation besteht weiterhin).
4	Akzeptanzprobleme bei Geschäftspartner aber auch Mitarbeitern (richtiger Umgang, grundsätzliche Akzeptanzproblematik etc.)
5	Unterschiedliche Anforderungen (Rechnungsformate)
6	Vielzahl technischer Lösungen und Produkte (Suche nach geeigneter Lösung intern und extern)

Tabelle 2: Elektronischer Rechnungsaustausch – Haupteinführungsbarrieren.

Als interessant zu vermerken ist, dass eine schnellere Bearbeitung und Skontovorteile (durch schnellere Bezahlung) an dritter beziehungsweise fünfter Stelle als Gründe, elektronische Rechnungen zu empfangen, genannt wurden. Die weiteren Gründe sind das Verlangen der Geschäftspartner, Gebühren für Papierrechnungen und Umweltaspekte. Für den elektronischen Rechnungsversand werden Kosteneinsparungen (Porto- und Materialeinsparungen), eine schnellere Bearbeitung und Bezahlung als die drei wichtigsten Gründe genannt. Nach Aufforderung durch Kunden ist eine schnellere Bearbeitung der größte Treiber (75%). 68% der Unternehmen versprechen sich keine Einsparpotenziale und 55% sagen aus, dass Kunden (noch) wenig Interesse daran haben, Rechnungen elektronisch zu erhalten. Abschließend ist festzuhalten, dass nach einer Einführung die Zufriedenheit der Geschäftspartner aus Empfängersicht als "stark verbessert" eingestuft wird, die Skontonutzungszufriedenheit jedoch als "neutral". Aus Versendersicht zeigt sich die Bearbeitungszeit als "stark verbessert", die Forderungslaufzeit jedoch als "neutral".

Schömburg stellt in seiner Dissertation an der Leibniz Universität Hannover die Akzeptanz und Barrieren der elektronischen Rechnung dar und geht darin unter anderem auf empirische Erkenntnisse, Kosteneinsparungseffekte und Technologieakzeptanzmodelle ein.[82] Er stellt fest, dass sich die Aufklärungs- und Überzeugungsarbeit für beide Seiten als langwieriger und aufwendiger Prozess darstellen. Großunternehmen werden den Markt der elektronischen Rechnung maßgeblich beeinflussen. Zugeständnisse in Form von Skonti, Rabatten und Nachlässen zum Durchsetzen bestimmter Übertragungswege und -formate sind als Anreiz nicht ungewöhnlich, ebenso das Nutzen der Marktmacht auf Einkäuferseite. Er stellt abschließend fest, dass bei aller Dynamik der bisherigen Entwicklung die Möglichkeiten und Potentiale der elektronischen Rechnung bei weitem nicht erschlossen und für die Praxis noch nutzbar umgesetzt worden sind. Dies bietet für Wissenschaft und Praxis anspruchsvolle Herausforderungen, weshalb das Forschungsfeld der elektronischen Rechnung zukünftig unbedingt weiterverfolgt, aber auch aktiv gesteuert werden sollte.[83]

Es gilt, einen Zusatznutzen zusätzlich zu den Kosteneinsparungen im Porto- und Materialkostenbereich aufzuzeigen und Leitfäden und Handlungsempfehlungen zur Realisierung dieses Zusatznutzens zu liefern. Die Umsetzung, Operationalisierung, konkrete und messbare Implementierung der ursprünglichen Ziele als Reduktion der Forderungslaufzeiten und der Skontonutzung müssen im Sinne eines strategischen Zusatznutzens als Wertbeitrag strategisch verankert und über eine Methodik als Vorgehens- und Referenzmodell unterstützt werden.

---

[82] Vgl. Schömburg, Harald Eike: Akzeptanz und Barrieren der elektronischen Rechnung: Empirische Erkenntnisse, Technologieakzeptanzmodelle und praxisorientierte Handlungsempfehlungen, Verlag Dr. Kovac, 2011.
[83] Vgl. Schömburg, Harald Eike: Akzeptanz und Barrieren der elektronischen Rechnung: Empirische Erkenntnisse, Technologieakzeptanzmodelle und praxisorientierte Handlungsempfehlungen, Verlag Dr. Kovac, 2011, S. 325 u. 329.

7 Wertbeitrag – Optimierungsvarianten

7.1 Wertorientierte Unternehmensführung

Working Capital wurde in der Vergangenheit mit reiner Kostensenkung verbunden. Im Rahmen der wertorientierten Unternehmensführung wird ihm eine neue Rolle beigemessen. Die Wertorientierung hat sich heute als breit akzeptiertes Leitkonzept moderner Unternehmensführung herauskristallisiert. Sie liegt dann vor, wenn in einem Unternehmen alle Führungsebenen darauf ausgerichtet sind, den Marktwert des Unternehmens langfristig und nachhaltig zu steigern.[84]

Wertorientierte Unternehmensführung verfolgt das Ziel, betriebliche Entscheidungen so zu treffen, dass das gebundene Eigenkapital im Betrieb eine höhere Verzinsung erwirtschaftet als in einer vergleichbaren Alternativanlage.[85]

Um im betriebswirtschaftlichen Sinn "wertorientiert" zu sein, muss ein Steuerungskonzept nach Coenenberg folgende Anforderungen erfüllen:[86]

	Anforderung	Bedeutung
1	Planung und Kontrolle von Wertbeiträgen	Entscheidungsalternativen, Planung, Realisierungskontrolle, PDCA-Zyklus[87]
2	Zukunftsorientierung, Risikoadäquanz und Zahlungsstromorientierung	Planungs- und Kontrollwerte, Barwert, basierend auf Zahlungsströmen
3	Zielbezug zur langfristigen, nachhaltigen (Gesamt-) Unternehmenswertsteigerung	Strategischer Zusammenhang
4	Anreizverträglichkeit und Kommunikationsfähigkeit	Verhaltenssteuernde manipulationsresistente Leistungsbeurteilung, Verständlichkeit, Transparenz, Nachvollziehbarkeit

---

[84] Vgl. Klepzig, Heinz-Jürgen: Working-Capital und Cash Flow: Finanzströme durch Prozessmanagement optimieren, Gabler Verlag, 2. Auflage, 2010, S. 22.
[85] Vgl. Wöhe, Günter: Einführung in die Allgemeine Betriebswirtschaftslehre, Vahlen Verlag, 24. Auflage, 2010, S. 192.
[86] Vgl. Coenenberg, Adolf G./Salfeld, Rainer: Wertorientierte Unternehmensführung: Vom Strategieentwurf zur Implementierung, Schäffer-Poeschel Verlag, 2. Auflage, 2007.
[87] Siehe dazu Kapitel 8.

© Springer Fachmedien Wiesbaden GmbH, ein Teil von Springer Nature 2015
M. Kischporski, *Elektronischer Rechnungsdatenaustausch mit E-Invoicing*, Edition KWV, https://doi.org/10.1007/978-3-658-23110-1_7

| 5 | Wirtschaftlichkeit | Aufwand/Kosten und Nutzen, Kennzahlenbasiertheit, Datenanalyse |

Tabelle 3: Anforderungen der Wertorientierung.

7.2 Wertorientiertes Prozessmanagement

Buhl konstatiert in seinem Diskussionspapier "Wertorientierung im Prozessmanagement", dass die Betrachtung des Unternehmenswerts auf Gesamtunternehmensebene nicht ausreicht. Ein Unternehmen muss in der Lage sein, die Wertbeiträge einzelner betrieblicher Tätigkeiten und Bewertungsobjekte sowie deren Wechselwirkungen zu berücksichtigen. Dies gilt auch für Prozesse. Werden Prozessmanagement-Entscheidungen auf Basis anderer Kriterien getroffen, so steht dies nicht im Einklang mit der wertorientierten Unternehmensführung. Dabei stellt er fest, dass der in der Praxis gebräuchliche Begriff der Prozessoptimierung vielmehr eine qualitative Verbesserung im Sinne von "weniger schlecht" als eine Optimierung auf Basis einer betriebswirtschaftlichen fundierten Zielfunktion ist. Statt diese Zielorientierung zu adressieren, beschäftigen sich die meisten einschlägigen Arbeiten mit der fachlichen und technischen Prozessgestaltung. Es gilt die Verbindung zwischen wertorientierter Unternehmensführung und prozessorientierter Organisationsgestaltung zu schließen.[88] Dabei ist der Transfer in die Praxis alles andere als trivial. So ist es beispielsweise fachlich anspruchsvoll, die Zielfunktionen und -größen für konkrete Anwendungsfälle zu konkretisieren und insbesondere Einzahlungen verursachungsgerecht einzelnen Prozessen zuzuordnen. Aus einer informationstechnischen Perspektive ist es herausfordernd eine (zu erstellende) konsistente Datenbasis in bestehende Planungs- und Kontrollsystemlandschaften zu integrieren. Die Hauptherausforderung über das Prozessmanagement hinaus bleibt, eine wertorientierte Steuerungssystematik konsistent für alle Unternehmensbereiche, Hierarchiestufen und Bewertungsobjekte umzusetzen.[89] Buhl stellt fest, dass es der Praxis und der wirtschaftsinformatischen Forschung obliegt, diese Forschungslücke zu schließen und sich diesen Herausforderungen über (Forschungs-)Projekte zu stellen.

---

[88] Vgl. Buhl, Hans Ulrich/Röglinger, Maximilian/Stöckl, Stefan/Braunwarth, Kathrin: Universität Augsburg: Wertorientierung im Prozessmanagement – Forschungslücke und Beitrag zu betriebswirtschaftlich fundierten Prozessmanagement-Entscheidungen, Diskussionspapier WI-297, http://www.uni-augsburg.de/exzellenz/kompetenz/kernkompetenzzentrum_fim/ Forschung/paper/paper/wi-297.pdf, in: Business & Information Systems Engineering, 03/2011, S. 4-6.
[89] Vgl. Buhl Hans Ullrich et al. (s.o.), S. 16.

Dieses Buch liefert einen Ansatz, wie sich über die Prozessoptimierung ein Zusatznutzen im Sinne eines Wertbeitrags generieren lässt.

7.3 Risiko- und chancenbasierte Unternehmensführung

In Bezug auf die Grundlagen einer wert- und risikoorientierten Unternehmensführung basiert nach Romeike das Fundament einer risikoorientierten Unternehmensführung auf den entscheidungsrelevanten Informationen, die das Risikomanagement zur Verfügung stellt. Eine gute Unternehmensperformance kann nur erreicht werden, wenn die Wertschöpfungsprozesse im Unternehmen mit dem Risikomanagement und dem Kapitalmanagement in Einklang gebracht werden. So können beispielsweise mit Hilfe von stochastischen Risikomanagement-Methoden[90] potenzielle, zukünftige Entscheidungen und deren Auswirkungen auf das Unternehmen "auf sicherem Boden" simuliert werden. Dementsprechend werden bei einer risiko- und wertorientierten Unternehmensführung die vielfältigen Verbindungselemente zwischen Risikomanagement einerseits und Controlling, Budgetierung, Planung, Unternehmensstrategie und wertorientierten Managementkonzepten andererseits verdeutlicht. Risiko- (und chancen-)orientierte Unternehmensführung ist dabei ein ganzheitlicher Ansatz, der alle Funktionen, Prozesse und Bereiche eines Unternehmens umfasst.[91]

7.4 Wertbeitragsmodelle im Vergleich: Informationstechnologie (IT)

In diesem Zusammenhang ist es interessant, Wertbeitragsmodelle als Vergleich heranzuziehen. Der Schlussbericht des Forschungsprojektes "Messen des Wertbeitrages der Unternehmens-IT" der RWTH Aachen gibt einen Überblick über die Herausforderungen der Wertbeitragsmessung und liefert eine Methodik zur Messung des Beitrags der IT zum Unternehmenserfolg. Durch Prozesskennzahlen im Hinblick auf die Leistung der IT im Prozess wird eine Quantifizierung dieser Leistung ermöglicht.

Der Wertbeitrag der IT entsteht beispielsweise durch niedrigere Kosten in den Geschäftsprozessen im Vergleich zu den Mitbewerbern erfasst durch Benchmarking.[92]

---

[90] Siehe dazu Kapitel 7.6.
[91] Vgl. Romeike, Frank/Hager, Peter: Erfolgsfaktor Risiko-Management 2.0: Methoden, Beispiele, Checklisten. Praxishandbuch für Industrie und Handel, Gabler Verlag, 2. Auflage, 2009, S. 105-106.
[92] Vgl. Dünnebacke, Daniel/Wolters, Philipp: Rheinisch-Westfälische Technische Hoch-schule (RWTH) Aachen: Wertbeitrag der IT: Messen des Wertbeitrags der Unternehmens-IT, Schlussbericht zum Forschungsprojekt 16105 N, https://www.ifu.rwth-aachen.de/fileadmin/user_upload/IfU/Forschung/Projekt-Archiv/WertIT/ WertIT_Abschlussbericht.pdf, 31.01.2011, S. V u. 73.

Kremar führt zum Wertbegriff der IT im Unternehmen wie erläutert aus, dass der Wert und Nutzen einer IT-Investition sich unter den gegebenen Aspekten aus Sicht eines Wirtschafssubjekts als die subjektive Zusammenfassung der positiven und negativen Zielbeiträge definiert, die die Eigenschaften (Attribute) einer IT-Investition oder deren Effekte auf die Diskurswelt stiften. Kritisch merkt er die Hypothese des Produktivitätsparadoxons an, die besagt, dass kein positiver Zusammenhang zwischen IT-Investitionen und der Produktivität auf volkswirtschaftlicher und betrieblicher Ebene besteht.[93] Er führt unterschiedliche Methoden wie Nutzwertanalyse, Potentialanalyse, Total Cost of Ownership (TCO), Reifegradbewertungen, Managementflexibilitätsbewertungen etc. zur Kategorisierung von Kosten und Nutzen im Sinne eines Wert- und Nutzenbegriffs auf.

Das Informationsmanagement muss neben den Kenntnissen im Bereich der Informationsverarbeitung ein grundlegendes Verständnis für die Geschäftsprozesse und das Geschäftsumfeld eines Unternehmens haben. Die Wirksamkeit der Ressourcen kann erst durch eine optimale Prozessgestaltung sichergestellt werden. Bildlich gesprochen handelt es sich um Hebelwirkungen, die Ressourcen auf die Systementwicklung, Geschäftsprozesse und die strategische Planung ausüben. Explizit in die Wirkungsbetrachtung zur Steigerung des Unternehmenswerts werden Rückkopplungsprozesse miteinbezogen. Sie verdeutlichen die Einflussnahme auf die Kernprozesse und erhöhen damit die Qualität und Leistungsfähigkeit.[94]

Wertbeitrag der IT bedeutet, mit der IT das "Richtige" für das Unternehmen zu tun, und Performance, dies "bestmöglich" zu leisten. Wertbeitrag schafft Profitabilität, Produktivität und Qualität. Performance bedeutet Effizienz, Effektivität sowie geringere Kosten. Besonders wirken Investitionen, die die IT auf das Kerngeschäft des Unternehmens ausrichten und so das IT/Business Alignment verbessern. Wertbeitrag leisten beispielsweise IT-Projekte, die spezifische Belange umsetzen. Dadurch erlaubt das IT-Investment dem Unternehmen schnelle Reaktion am Markt, kürzere Entwicklungszyklen, Service- oder Durchlaufzeiten.[95]

---

[93] Vgl. Kremar, Helmut: Informationsmanagement, Springer Verlag, 5. Auflage, 2010, S. 516 u. 520.
[94] Vgl. Junginger, Markus: Wertorientierte Steuerung von Risiken im Informationsmanagement (Informationsmanagement und Computer Aided Team), Deutscher Universitäts-Verlag, 2005, S. 42-45.
[95] Vgl. Hildebrand, Knut/Meinhardt, Stefan (Hrsg.): Compliance & Risk Management: HMD – Praxis der Wirtschaftsinformatik, dpunkt Verlag, 2008, S. 15-16.

7.5 Ansätze zur Wertbeitragsgenerierung und Generierung eines Zusatznutzens

Der echte Vorteil und nachhaltige Wertbeitrag durch die Einführung der elektronischen Rechnungsverarbeitung entsteht nicht primär durch Kosteneinsparungen. Kostenvorteile lassen sich über eine Vielzahl von Möglichkeiten realisieren. Durch die Einrichtung beispielsweise eines Shared Services Centers können durch Skaleneffekte (economics of scale) Kosteneinsparungen erreicht werden. Durch das Auslagern der Kreditorenbuchhaltungsabteilung mittels Outsourcing oder in Niedriglohnregionen lassen sich gegebenenfalls erhebliche Kostenvorteile erzielen. Doch diese Maßnahmen reduzieren die operativen Kosten lediglich auf dem existierenden (ineffizienten) Weg.

Im Folgenden werden Methoden zur Generierung eines Zusatznutzens im Kontext elektronischer Datenaustausch in der Einkauf-Lieferantenbeziehung aufgezeigt. Ein fehlender Zusatznutzen ist der primäre Hindernisgrund für die Einführung der E-Rechnung. Wie dargestellt werden so für die Entscheidungsträger Handlungsoptionen generiert, die über reine Prozessoptimierungen hinausgehen. Reine Prozessoptimierungen schlagen sich oftmals nicht in Bilanz oder GuV nieder. Dazu wäre ein signifikanter Personalabbau im operativen Finanzwesen aufgrund der Optimierungen durch verkürzte Durchlaufzeiten und der Reduktion des manuellen Aufwands in der Rechnungseingangsverarbeitung notwendig.

Ferner lassen sich die Investitionen in die Prozessoptimierung und notwendigen IT-Lösungen über die Generierung des Zusatznutzens leichter amortisieren. Unternehmen können die Möglichkeiten der Prozessdigitalisierung als angebotener Service oder Anforderung intelligent nutzen.

7.5.1 Management der Zahlungskonditionen

Wie dargestellt ist der Skontoabzug ein Anreiz für den Kunden zur schnellen (vorzeitigen) Zahlung der Rechnung. Der Lieferant erhält dadurch das Geld nach kürzerer Zeit (zum Beispiel nach 10 Tagen mit 3% Skonto), was zu einer Verbesserung der Zahlungsfähigkeit (Liquidität) führt.

Aus finanzwirtschaftlicher Sicht sollte die Skontofrist so kurz wie möglich und so lang wie nötig sein. Ist die Skontofrist zu kurz bemessen, dann können sich Fälle von Skontoabzug nach Ablauf der Skontofrist häufen. Ist die Skontofrist zu lang, entstehen unnötige Kapitalkosten. Als optimal kann jene Skontofrist bezeichnet werden, die den Kunden ausreichend Zeit lässt, um die

Lieferungen und Rechnungen zu überprüfen sowie die Zahlungen fristgerecht auszuführen.[96]

Den Lieferanten kann im Zuge der Einführung der elektronischen Rechnungs-verarbeitung ein Anreiz geboten werden, bei einer Skontofristverkürzung ent-sprechend einen für den Kunden vorteilhaften erhöhten Skontosatz anzubieten, um so im Sinne des Order-to-Cash Cycle den Kunden zu einem Forderungs-ausgleich durch frühzeitige Zahlung zu bewegen, um so die Kapitalkosten zu reduzieren und die Liquidität zu erhöhen.

Ziel des Managements der Zahlungskonditionen ist eine Optimierung der in Wechselwirkungen stehenden Parameter Liquiditätserhöhung und Kostenein-sparung.[97] Zahlungskonditionen ergeben sich im Wesentlichen aus den Kenn-größen Skontosatz, Skontofrist und Nettotage.

7.5.2 Stärkung der Innenfinanzierungskraft: Cash-to-Cash Cycle Optimierung

Eine Steigerung des Unternehmenswertes durch Erlössteigerungen, Kosten-senkungen oder eine Verringerung der Kapitalbindungsdauer führt zu einer verbesserten Möglichkeit der Außenfinanzierung sowie zu einer in diesem Kontext relevanten Stärkung der Innenfinanzierungskraft. Dennoch wird eine aktive Steuerung des Working Capital durch einen Managementansatz auch heute noch von vielen Unternehmen vernachlässigt.[98] Die Grenzen der Außen-finanzierung durch Eigenmittel sind vielfach durch die Finanzkraft der Eigner determiniert. Es stellt sich einerseits die Frage, ob diese über genügend finan-zielle Mittel verfügen und andererseits ob sie bereit sind, diese in das Wachs-tum des Unternehmens zu investieren. Zudem kann die Finanzierung durch Kapitalerhöhung zu unerwünschten Verschiebungen der Eigentümerstrukturen führen und ist mit Kosten und organisatorischem Aufwand verbunden. Basie-rend auf diesen theoretischen Überlegungen ist festzustellen, dass in vielen Fällen eine Finanzierung des Wachstums aus den operativ erwirtschafteten Mitteln angestrebt werden sollte.[99]

---

[96] Vgl. Lauer, Hermann: Konditionen-Management. Zahlungsbedingungen optimal gestalten und durchsetzen, Verlag Wirtschaft und Finanzen, 1998, S. 105.
[97] Vgl. Hofmann, Erik/Maucher, Daniel/Piesker, Sabrina/Richter, Philipp: Wege aus der Working Capital-Falle: Steigerung der Innenfinanzierungskraft durch modernes Supply Management, Springer Verlag, 2011, S. 27.
[98] Vgl. Hofmann, Erik/Maucher, Daniel/Piesker, Sabrina/Richter, Philipp: Wege aus der Working Capital-Falle: Steigerung der Innenfinanzierungskraft durch modernes Supply Management, Springer Verlag, 2011, S. 17.
[99] Vgl. Hofmann, Erik/Maucher, Daniel/Piesker, Sabrina/Richter, Philipp: Wege aus der Working Capital-Falle: Steigerung der Innenfinanzierungskraft durch modernes Supply Management, Springer Verlag, 2011, S. 17 u. S. 10-11.

Neben der absoluten Kenngröße des (Net) Working Capital stellt das Cash-to-Cash Cycle Konzept (auch Cash Conversion Cycle Konzept) eine Möglichkeit der Messung und Steuerung der Effektivität des Working Capital Managements auf Basis relativer Größen dar. Der Cash-to-Cash Cycle umfasst den Zeitraum vom Zahlungsausgang an Lieferanten bis zum Zahlungseingang durch Kunden.

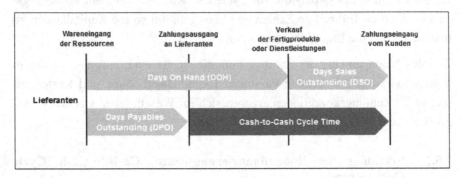

Abbildung 17: Cash-to-Cash Cycle.
Eigene Darstellung, in Anlehnung an: Hofmann, Erik et al.: Wege aus der Working Capital-Falle, 2011, S. 18.

Die Cash-to-Cash Cycle Time ist die wesentliche Kennzahl des Cash-to-Cash Cycle Konzeptes. Für Dienstleistungsunternehmen ist das der Zeitraum zwischen der Bezahlung für die verbrauchten Ressourcen bei der Erbringung einer Dienstleistung bis zum Erhalt der Zahlung des Kunden für diese Dienstleistung.[100]

Nachfolgend werden beispielhaft einige, insbesondere durch die Beschaffung eines Unternehmens beeinflussbare, Möglichkeiten zur Optimierung des Cash-to-Cash Cycle aufgezeigt. Dabei wird vor allem der Order-to-Cash- und der Purchase-to-Pay-Prozess detailliert betrachtet.

Der Order-to-Cash-Prozess setzt sich aus der Bonitätsprüfung, Vertragsgestaltung, Rechnungsstellung, Zahlungsabwicklung, Mahnwesen und Inkasso sowie der Informationsaufbereitung zusammen. Die Cash-to-Cash Cycle Time kann durch Reduzierung der Forderungen aus Lieferungen und Leistungen verkürzt werden. Dieses Ziel lässt sich beispielsweise durch die Beschleunigung des Rechnungsstellungsprozesses, beispielsweise durch die E-Rechnung,

---

[100] Vgl. Hofmann, Erik/Maucher, Daniel/Piesker, Sabrina/Richter, Philipp: Wege aus der Working Capital-Falle: Steigerung der Innenfinanzierungskraft durch modernes Supply Management, Springer Verlag, 2011, S. 17 u. S. 18-19.

oder die Gewährung von Skonti zur Reduzierung der Zahlungsziele und des Zahlungsausfallrisikos erreichen.

Der Purchase-to-Pay-Prozess umfasst – wie in der generischen Prozesssicht bereits dargestellt – alle Abläufe im Kontext des Kreditorenmanagements, also dem Prozess zwischen Einkauf und Zahlung des Lieferanten. Mögliche Maßnahmen zur Ausweitung der Verbindlichkeiten sind unter anderem:

Optimierungsvarianten	Mögliche Maßnahmen
Optimierung der Zahlungsprozesse	Vermeidung verfrühter und verspäteter Bezahlung sowie Standardisierung der Zahlungsprozesse
Optimierung der Zahlungskonditionen	Nachverhandeln der Zahlungskonditionen mit bestehenden Lieferanten und Ausarbeitung von Leitlinien für neue Lieferanten

Tabelle 4: Optimierungsvarianten im Purchase-to-Pay-Prozess.

Die folgende Abbildung verdeutlicht die funktionale Bedeutung der Zahlungskonditionen.

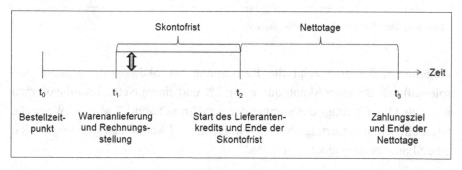

Abbildung 18: Funktionale Bedeutung der Zahlungskonditionen.
Eigene Darstellung, in Anlehnung an: Hofmann, Erik et. al: Wege aus der Working Capital-Falle, 2011, S. 28.

Eine Erhöhung der Skontosätze und eine Ausweitung der Zahlungsziele (Skontofrist und Nettotage) wirken sich aus Sicht eines einzelnen Unternehmens grundsätzlich positiv auf dessen Liquidität aus.

Die Skontoquote, die als Quotient aus der Summe der gewährten Skonti und dem Nettoeinkaufsvolumen definiert ist, gibt dabei den durchschnittlichen genutzten Skontosatz an.

$$\text{Skontoquote} = \frac{\text{Summe der genutzten Skonti}}{\text{Nettoeinkaufsvolumen}} \times 100\%$$

$$\text{Nettoeinkaufsvolumen} = (\text{Nettopreis-Rabatte}) \times \text{Menge}$$

Abbildung 19: Formeln: Skontoquote und Nettoeinkaufsvolumen.

Um die tatsächliche Inanspruchnahme der gewährten Skonti darstellen zu können, wird die Skontonutzungsquote ermittelt. Diese stellt das Verhältnis zwischen den Skontoerträgen und den gewährten Skonti dar. Die Skontoerträge werden ihrerseits in der Regel bei der Rechnungsbegleichung durch die Buchhaltung erfasst.

$$\text{Skontonutzungsquote} = \frac{\text{Summe des Skontoertrags}}{\text{Skontoquote} \times \text{Nettoeinkaufsvolumen}} \times 100\%$$

Abbildung 20: Formel: Skontonutzungsquote.

Folgende Kalkulation zeigt die Berechnung der Skontonutzungsquote beispielhaft auf. Bei einer Skontoquote von 2% und einem Nettoeinkaufsvolumen von 100 Mio. € beträgt die Summe der gewährten Skonti 2 Mio. €. Wenn die tatsächlichen Skontoerträge beispielsweise nur 1,7 Mio. € betragen, ergibt sich eine Skontonutzungsquote von 85%.

Beispiel:

Skontoquote = 2%

Nettoeinkaufsvolumen = 100.000.000 €

Summe des Skontoertrages = 1.700.000 €

$$\text{Skontonutzungsquote} = \frac{1.700.000}{0,02 \times 100.000.000} \times 100\% = 85\%$$

Abbildung 21: Kalkulation Skontonutzungsquote – Beispiel.

Eine Verbesserung des Skontoertrags durch Optimierung des Skontosatzes um 500 Basispunkte (0,5%) würde den Skontoertrag um 85.000 € erhöhen, und somit für das 1. Jahr beispielsweise die Projektinvestitionen amortisieren. Die Optimierung ist in der Regel jedoch nachhaltig, so dass sich eine Kosteneinsparung von 85.000 € p.a. ab Jahr 2 realisieren lässt. Die Verbesserung der Skontosätze lässt sich in der Praxis in der Regel leichter realisieren als die Verbesserung von Rabattsätzen gegenüber Lieferanten.

Zur Stärkung der Innenfinanzierungskraft ist aus Unternehmenssicht damit neben der Erhöhung der Skontosätze weiterhin eine Steigerung der Skontonutzungsquote anzustreben. Darüber hinaus führt eine Ausweitung der Zahlungsziele gegenüber dem Lieferanten zu einer Verkürzung der Kapitalbindungsdauer und folglich zu einer Reduzierung der Kapitalbindungskosten. Die Optimierung der Zahlungskonditionen ist ein umfangreicher Prozess, welcher aufgrund seiner Komplexität einer strukturierten und geplanten Vorgehensweise bedarf, beispielsweise im Kontext der Umstellung auf einen elektronischen Rechnungsaustausch.

Es sei hier nochmals angemerkt, dass die Zahlungsbedingungen der Lieferanten in der Regel keine festen Daten sind, sondern von den Kunden beeinflusst werden können. Hier liegt für die Einkäufer eine beachtliche Chance, finanzielle Vorteile auszuhandeln.[101]

Die Finanzierungswirkung durch Skontoausnutzung im Vergleich zum Lieferantenkredit wird durch folgendes Beispiel in der linearen Berechnung deutlich. Auf die exponentielle Rechnung (Zinseszinseffekt) wird an dieser Stelle verzichtet. Bei einem Skontosatz von 2% über einen Leistungswert von 100.000 € bei vorzeitiger Zahlung nach 10 Tagen und einem Zahlungsziel von 30 Tagen ergibt sich eine Zinsperiode von 20 Tagen und somit ein Zinssatz von 36,73% p.a.

7.5.3 Boni, Rabatte, Rückvergütungen und Penalen

Elektronische Rechnungen können im Rahmen der Lieferantenbewertung als Lieferantenanforderung definiert werden. Ein Abweichen von dieser Anforderung erlaubt einen Spielraum hinsichtlich einer Neugestaltung und -verhandlung der Abnehmerkonditionen in Form von Boni (zum Beispiel bezogen auf den Jahresumsatz), von Rabatten (erhöhte Rabattsätze), von Rückvergütungen (ähnlich Boni, gegebenenfalls durch feste Rückvergütungs-

---

[101] Vgl. Lauer, Hermann: Konditionen-Management. Zahlungsbedingungen optimal gestalten und durchsetzen, Verlag Wirtschaft und Finanzen, 1998, S. 78.

beträge) oder gar Penalen (Lieferantenanteil an den Kosten der operativen papierbasierten Rechnungsabwicklung beispielsweise durch Kosten pro Rechnung und/oder Kosten pro Rechnungsreklamation).

7.5.4 Dynamic Discounting

Die folgende Abbildung verdeutlicht eine mögliche (lineare) Dynamik der Skontierung (Diskontierung = Discounting). Im Englischen wird als Skonto von Quick Pay Discount gesprochen (QPD).

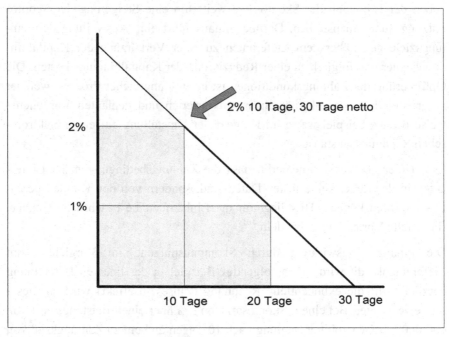

Abbildung 22: Skontodynamik anhand von Skontovarianten. Eigene Darstellung.

Im Folgenden wird ein relativ neuer Ansatz erläutert, der in der betriebswirtschaftlichen Literatur noch sehr selten einen Niederschlag findet.

Die Methode und das Konzept des "Dynamic Discounting" ist eine Etablierung eines Prozesses, der es im Zusammenspiel zwischen einkaufender und liefernder Seite erlaubt, "dynamisch" auf Bestell- also Transaktionsebene die Standardzahlungsbedingungen (Skontofrist, Skontosatz und Zielfrist) entsprechend nach Bedarf anzupassen. Als Voraussetzung gilt ein sehr effizienter und automatisierter Purchase-to-Pay-Prozess, der eine komplexe Herausforderung als Verknüpfung von Personen, Prozessen und Technologie als Netzwerk mit verlinkten Einzelkomponenten darstellt. Das Vorgehensmodell in Kapitel

8 erläutert die Umsetzung eines holistischen Purchase-to-Pay-Prozesses innerhalb eines Unternehmens.

7.6 Chancen- und Risikosimulation

Der beste Weg, um ein Verständnis für ein Modell zu erhalten, ist eine Simulierung des Modells zu implementieren. Im Sinne eines innovativen Ansatzes eignen sich hierbei Simulationsmethoden aus dem Risikomanagement mit dem Fokus und der Zielsetzung einer Chancen- und Risikosimulation. Es existieren unterschiedliche Einflussfaktoren auf die Zielgrößen, und die festgestellten Risiken beziehungsweise Chancen müssen für ein Gesamtbild aggregiert werden. Zur Aggregation einzelner Finanzrisiken eignet sich beispielsweise als Simulationstechnik zur Modellierung einzelner Wertentwicklungsprozesse die Monte-Carlo-Simulation.[102]

Unternehmerisches Handeln besteht im Kern daraus, Chancen zu Nutzen und dabei gleichzeitig Risiken einzugehen.[103] Auch nicht genutzte Chancen können zu Risiken werden. Negative Abweichungen (Risiken) und positive Abweichungen (Chancen) können sich ebenso gegenseitig kompensieren. Dies wird bei der Risikoaggregation zur Ermittlung des Gesamtrisikoumfangs deutlich.[104]

So können beispielsweise die unterschiedliche Szenarien durch Simulationsläufe in Bezug auf Risiken hinsichtlich der Innenfinanzierungsnotwendigkeit, das Eintreten von Skonti Optimierungen abhängig des Umsatzes bezogen auf einzelne Lieferanten und die Auswirkungen auf den Zusatznutzen und Wertbeitrag für das Unternehmen simuliert werden. Dies liefert der Geschäftsführung eine Transparenz und aggregierte Sicht der simulierten Szenarien und erleichtert eine Bewertung für eine strategische Entscheidungsfindung zur Umsetzung im Vergleich zur reinen Bewertung von Annahmen bezüglich des Eintritts der gewünschten Zielgrößen und -szenarien.

---

[102] Vgl. Cottin, Claudia/Döhler, Sebastian: Risikoanalyse: Modellierung, Beurteilung und Management von Risiken mit Praxisbeispielen (Studienbücher Wirtschaftsmathematik), Springer Spektrum Verlag, 2. Auflage, 2013, S. 69, S. 93 u. S. 99-102.
[103] Vgl. Romeike, Frank/Hager, Peter: Erfolgsfaktor Risiko-Management 2.0: Methoden, Beispiele, Checklisten. Praxishandbuch für Industrie und Handel, Gabler Verlag, 2. Auflage, 2009, S. 115.
[104] Vgl. Sartor, Franz J./Bourauel, Corinna: Risikomanagement kompakt: In 7 Schritten zum aggregierten Nettorisiko des Unternehmens, Oldenbourg Wissenschaftsverlag, 2012, S. 6 u. 7.

8 Umsetzungs- und Problemlösungszyklus: PDCA-Zyklus

Um die Leistungsfähigkeit von Prozessen kontinuierlich zu verbessern eignet sich der Einsatz eines klassischen Kaizen[105]-Werkzeugs. Den Kern des PDCA-Zyklus, der nach seinem Erfinder W. E. Deming auch Deming-Rad oder Deming-Kreis genannt wird, bildet eine methodische Anleitung, um Verbesserungen systematisch zu planen, durchzuführen, in ihren Wirkungen zu prüfen und so lange zu optimieren, bis die Verbesserungspotenziale tatsächlich erreicht sind. Von daher endet der PDCA-Zyklus nie, sondern bildet die Grundlage für weitere beziehungsweise kontinuierliche Verbesserungen im Sinne eines kontinuierlichen Verbesserungsprozesses (KVP).[106]

Der Deming- oder PDCA-Zyklus gliedert sich in die Aktivitäten: Plan (Planen der Verbesserung), Do (Ausführen der Verbesserung), Check (Überprüfen der Wirkung der Verbesserung) und Act (Anpassen beziehungsweise Standardisieren des Prozesses).

---

[105] Kaizen = Methode zur Steigerung der Prozessleistung (Qualität, Kosten, Zeit) durch eine ausgeprägte Kunden-, Prozess- und Mitarbeiterorientierung durch Nutzung des Problemlösungpotenzials der Prozessbeteiligten. Kaizen aus dem Japanischen bedeutet dabei "Kai" (Veränderung und Wandel) und "zen" (zum Besseren) im Sinne einer permanenten Verbesserung. Vgl. dazu Vahs, Dietmar: Organisation: Ein Lehr- und Management-Buch, Schäffer-Poeschel Verlag, 8. Auflage, 2012, S. 92 u. 268 und vgl. Imai, Masaaki: Kaizen, Wirtschaftsverlag Langen Müller/Herbig, 1992.
[106] Vgl. Vahs, Dietmar: Organisation: Ein Lehr- und Management-Buch, Schäffer-Poeschel Verlag, 8. Auflage, 2012, S. 272-273.

© Springer Fachmedien Wiesbaden GmbH, ein Teil von Springer Nature 2015
M. Kischporski, *Elektronischer Rechnungsdatenaustausch mit E-Invoicing*, Edition KWV, https://doi.org/10.1007/978-3-658-23110-1_8

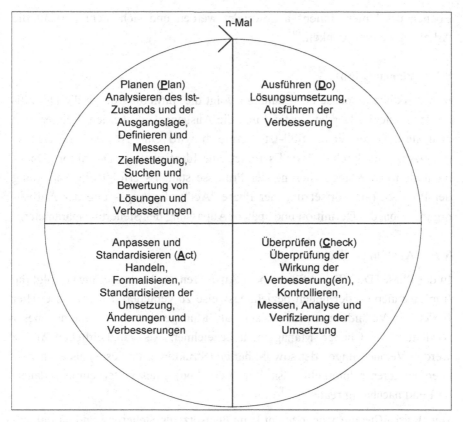

n-Mal

| Planen (**P**lan) Analysieren des Ist-Zustands und der Ausgangslage, Definieren und Messen, Zielfestlegung, Suchen und Bewertung von Lösungen und Verbesserungen | Ausführen (**D**o) Lösungsumsetzung, Ausführen der Verbesserung |
| Anpassen und Standardisieren (**A**ct) Handeln, Formalisieren, Standardisieren der Umsetzung, Änderungen und Verbesserungen | Überprüfen (**C**heck) Überprüfung der Wirkung der Verbesserung(en), Kontrollieren, Messen, Analyse und Verifizierung der Umsetzung |

Abbildung 23:   PDCA-Zyklus.
Eigene Darstellung.

Nach dem erfolgreichen Durchlauf des PDCA-Zyklus wird die Verbesserung als Standard eingeführt, um Wiederholungen des ursprünglichen Problems auszuschließen. Wird die Standardisierung beziehungsweise das Festschreiben der Verbesserung unterlassen können sich alte Fehler oder Missstände einstellen. Lernerfahrungen gehen verloren und können nicht für weitere Verbesserungen genutzt werden. Standards sind Handlungsleitfäden, die aus Handlungsanweisungen, Regeln, Direktiven oder Richtlinien bestehen können. Der PDCA-Zyklus zwingt, systematisch vorzugehen und umgesetzte Standards (Problemlösungen) immer wieder zu überprüfen und zu verbessern. Der Verbesserungskreislauf beziehungsweise der PDCA-Zyklus sollte auf allen

Ebenen des Unternehmens angewendet werden und sich nicht nur auf die Arbeitsebene beschränken.[107]

8.1 Planen (Plan)

In der Aktivitätenphase der Planung erfolgt die Initiierung durch die Definition der Strategie. Der Ist-Zustand und die Ausgangslage werden definiert und analysiert. Durch einen Soll-Ist Vergleich wird eine Abweichungsanalyse (Gap-Analyse) durchgeführt. Es findet eine Identifikation, Definition, Dokumentation und Kategorisierung der Prozesse statt. Es erfolgt die Anpassung der Prozesse (als Fortsetzung der Phase "Act"), die Anpassung der Aufbauorganisation, die Definition und spätere Anpassung der Steuerungsparameter.

8.2 Ausführen (Do)

In der Phase "Do" (Durchführen oder Ausführen der Verbesserung) erfolgt die Implementierung der neuen beziehungsweise zu verändernden Prozesse. Hier findet der Veränderungsprozess statt als Management des Wandels, dieser wird auch als Change Management bezeichnet. Als ganzheitlicher Ansatz werden Veränderungen der sowohl harten (Strukturen, Prozesse) als auch weichen Faktoren (Unternehmenskultur, Verhalten) eines Unternehmens dauerhaft und nachhaltig realisiert.[108]

Der Begriff Change Management kann übersetzt als Steuerung und Gestaltung von Veränderungen und Wandel definiert werden. Dabei basiert Change Management weniger auf eigens hierfür entwickelten Theorien, sondern in erster Linie auf Erfahrungswissen. Eine einheitliche Definition in der Literatur existiert nicht.

Eine im Unternehmen verwendete Formel soll in der folgenden Darstellung die Herausforderung an das Change Management illustrieren. Nur wenn der Wille zur Veränderung größer ist als der Widerstand, lassen sich Veränderungen einführen und umsetzen.

---

[107] Vgl. Schmelzer, Hermann J./Sesselmann, Wolfgang: Geschäftsprozessmanagement in der Praxis: Kunden zufrieden stellen – Produktivität steigern – Wert erhöhen, Hanser Verlag, 7. Auflage, 2010, S. 375.
[108] Vgl. Schmelzer, Hermann J./Sesselmann, Wolfgang: Geschäftsprozessmanagement in der Praxis: Kunden zufrieden stellen – Produktivität steigern – Wert erhöhen, Hanser Verlag, 7. Auflage, 2010, S. 21.

Change Management-Formel:

$$U + V + N + KF > W$$

U = Unzufriedenheit mit dem Ist-Zustand

V = Vision für die Zukunft

N = Notwendige erste Schritte

KF = Kreative Führung (Leadership)

W = Widerstand

Abbildung 24: Change Management-Formel.
Eigene Darstellung.

Riekhof spricht von den sechs Hebeln der Strategieumsetzung, der Überführung strategischer Initiativen mit Nachdruck in eine konkrete und erfolgreiche Umsetzung. Viele Strategien sind nicht erfolgreich, weil sie im Umsetzungsprozess scheitern. Dies kann einerseits Ursachen in einer nicht schlüssigen Strategie haben, sehr oft ist aber das Management des Umsetzungsprozesses die eigentliche Ursache.[109] Eine Strategie zu definieren ist einfach, die Umsetzung nicht.

8.3 Überprüfen (Check)

In der Phase "Check" wird die Wirkung der Verbesserung(en) im Sinne eines Kontrollierens überprüft. Der Prozess wird über Kennzahlen gemessen durch eine kontinuierliche operative Steuerung der Leistungsmessung. Es werden der Prozess- und Prozessmanagementreifegrad anhand von Prozessbewertungen ermittelt. Dies ist gegebenenfalls unterstützt durch ein Prozess-Benchmarking, also durch ein Vergleich mit Vergleichsprozessen beispielsweise von Marktführern oder Mitbewerbern.[110]

8.4 Anpassen und Standardisieren (Act)

In der Phase "Act" werden die Prozesse angepasst und standardisiert. Es erfolgt eine Auswahl und Analyse der Probleme, und eine Barrieren- oder Ursachenanalyse der Probleme, unterstützt durch unterschiedliche Methoden,

---

[109] Vgl. Riekhof, Hans-Christian: Die sechs Hebel der Strategieumsetzung: Plan – Ausführung – Erfolg, Schäffer-Poeschel Verlag, 2010, S. 45.
[110] Vgl. Bartscher, Thomas/Stöckl, Juliane: Veränderungen erfolgreich managen: Ein Handbuch für Change Manager und Interne Berater, Haufe Verlag, 2011, S. 31.

wird durchgeführt. Lösungsalternativen werden entwickelt und Lösungen priorisiert, ausgewählt und entschieden. Umsetzungsmaßnahmen werden initiiert, festgelegt, delegiert und in konkrete Aufgaben und Arbeitspakete zerlegt. Die Fortsetzung der Phase "Act" ist wiederum "Plan", um die Strategie der Anpassung der Prozesse wiederum zu planen.

8.5   Handlungsempfehlungen, Vorgehens- und Referenzmodell

Dieses Buch beschränkt sich auf die Phase der Planung im Rahmen des PDCA-Zyklus in Form von praxisorientierten Handlungsempfehlungen. Die folgenden Ausführungen liefern ein Vorgehensmodell zur konkreten Anwendung.

Handlungsempfehlungen (Opportunitäten)	Maßnahmen
Analyse des Ist-Zustands	Erhebung aller relevanten Daten durch Datenanalyse (Einkaufsvolumina, Verteilung Lieferanten und Rechnungsvolumina, Strukturierung Zahlungskonditionen etc.
Singuläre Governance zwischen Einkauf und Finanzwesen	Herausbilden eines formellen "Alignment" zwischen Einkauf und dem operativen Finanzwesen. Falls nicht Bestandteil der Unternehmensstruktur, Abbildung über Einkauf-Finanzwesen Projekmanagement Governance
Einheitliches Set an Kennzahlen	Unterstützung der Geschäftsleitung zur Entwicklung und Adaption von betriebswirtschaftlichen Kennzahlen zwischen Einkauf und operativem Finanzwesen.
Synergieinitiativen	Platzierung von Synergieinitiativen beispielsweise über ein Set an Projekten auf Basis der Stärken von Einkauf und operativem Finanzwesen. Steuerung über

	Kennzahlen zur Optimierung von fehler-haften Einkaufs- und Logistikprozessen mit direkten (negativen) Implikationen für das operative Finanzwesen (beispiels-weise REBNI – (Goods) Received But Not (yet) Invoiced = Vereinnahmte Wa-ren, die noch nicht fakturiert sind bezie-hungsweise für die die Rechnung nicht vorliegt, durch Verlust o.ä.).
Netzwerkmodelle	Zugang zu einer erweiterten Lieferanten-basis, Nutzung von Netzwerkeffekten über Portallösungen und Interoperabilität
Operatives Finanzreporting	Messung und Vergleich von Diskontie-rungsvorteilen im Vergleich zu DPO.
Elektronische Rechnungs-datenverarbeitung (E-Invoicing/ E-Rechnung)	Automatisierung des operativen Finanz-wesens durch elektronische Verfahren zur Weiterverarbeitbarkeit strukturierter Daten
Anforderungsmanagement	Anforderungsformulierung, dass struktu-rierte Rechnungen eine Vorbedingung und ein Lieferantenauswahl- oder bewer-tungskriterium für die Beschaffungspolitik sind.
Lieferantenstammdaten-Management	Strukturierung und Konsolidierung von Stammdaten zur Sicherstellung reibungs-loser operativer Abläufe und zur Redukti-on von Rechnungsreklamationsdurch-laufzeiten und -kosten.

Tabelle 5: Opportunitäten und Handlungsempfehlungen.

9 Zusammenfassung und Fazit

Die Gründe für einen umfassenden und schnellen Übergang zur elektronischen Rechnungsabwicklung sind eine verbesserte Wettbewerbsfähigkeit, Kosteneinsparungen, die Verbesserung des Cash Flow und die Verringerung von Zahlungsausfällen unter anderem durch mögliche automatisierte Finanzierungsmöglichkeiten, produktivere Arbeit und ökologische Vorteile. Um dies zu erreichen, müssen die Herausforderungen bei der Implementierung in Angriff genommen und überwunden werden. Dazu gehören eine breit angelegte Kommunikation der Vorteile und des Zusatznutzens, die Bereitstellung der passenden Werkzeuge, Methoden und Lösungen, die Übernahme von Standards und strukturierte Daten.

Working Capital Optimierung erfordert die gezielte Verbesserung der zugrundeliegenden Prozesse und ist nur durch detaillierte Prozessgestaltung möglich. Besonders kleine und mittelständische Unternehmen (KMU) schrecken davor zurück, viel Zeit für Verwaltungstätigkeiten zu verwenden und sich mit Verbesserungsmöglichkeiten im Rahmen von Prozessoptimierungen oder der Einführung von Lösungen zu beschäftigen, die keinen direkt erkennbaren und messbaren realen Zusatznutzen liefern. Dies ist verbunden mit der Tatsache, dass ihre direkten Kosteneinsparungen angesichts gegebenenfalls kleiner Mengen an empfangenen und versandten Rechnungen überschaubar sind. Deshalb ist es wichtig, vor allem den KMU aufzuzeigen und bewusst zu machen, dass die elektronische Rechnungsabwicklung darauf aufbauende Vorteile ermöglicht, beispielsweise in der Innenfinanzierung, der Buchhaltung, dem Prüfwesen, der finanziellen Kontrolle und der Erfüllung aktueller und zukünftiger regulatorischer und verfahrenstechnischer Anforderungen im Geschäftsverkehr zwischen Unternehmen und dem öffentlichen Sektor.

Dabei liefert beispielsweise die Methodik des "Dynamic Discounting" konkrete Optimierungsansätze als mögliche Ausbaustufe im Rahmen grundsätzlicher Zahlungskonditionsverhandlungen und -anpassungen.

Grundlegend hierfür sind und bleiben ein effizienter operativer Abwicklungsprozess und die Beherrschung der relevanten Prozesse.

© Springer Fachmedien Wiesbaden GmbH, ein Teil von Springer Nature 2015
M. Kischporski, *Elektronischer Rechnungsdatenaustausch mit E-Invoicing*,
Edition KWV, https://doi.org/10.1007/978-3-658-23110-1_9

Quellenverzeichnis

Literaturverzeichnis

Allweyer, Thomas: BPMN 2.0 – Business Process Modeling Notation: Einführung in den Standard für die Geschäftsprozessmodellierung, Books on Demand Verlag, 2. Auflage, 2009.

Bartscher, Thomas/Stöckl, Juliane: Veränderungen erfolgreich managen: Ein Handbuch für Change Manager und Interne Berater, Haufe Verlag, 2011.

Behringer, Stefan (Hrsg.): Compliance für KMU: Praxisleitfaden für den Mittelstand, Erich Schmidt Verlag, 2012.

Behringer, Stefan (Hrsg.): Compliance kompakt: Best Practice im Compliance Management, Erich Schmidt Verlag, 3. Auflage, 2013.

Bergemann, Achim/Wingler, Jörg: Gewerbesteuer – GewStG: Kommentar, Gabler Verlag, 2012.

Brand, Thorsten/Groß, Stefan/Geis, Ivo/Lindgens, Bernhard, Zöller, Bernhard: Steuersicher archivieren: Elektronische Aufbewahrung im Umfeld steuerlicher Anforderungen, Springer Gabler Verlag, 2. Auflage, 2012.

Büsch, Marco: Praxishandbuch Strategischer Einkauf: Methoden, Verfahren, Arbeitsblätter für professionelles Beschaffungsmanagement, Gabler Verlag, 2. Auflage, 2011.

Coenenberg, Adolf G./Salfeld, Rainer: Wertorientierte Unternehmensführung: Vom Strategieentwurf zur Implementierung, Schäffer-Poeschel Verlag, 2. Auflage, 2007.

Cottin, Claudia/Döhler, Sebastian: Risikoanalyse: Modellierung, Beurteilung und Management von Risiken mit Praxisbeispielen (Studienbücher Wirtschaftsmathematik), Springer Spektrum Verlag, 2. Auflage, 2013.

Freund, Jakob/Rücker, Bernd: Praxishandbuch BPMN 2.0, Hanser Verlag, 3. Auflage, 2012.

Hauschka, Christoph E. (Hrsg.): Corporate Compliance: Handbuch der Haftungsvermeidung im Unternehmen, Beck Juristischer Verlag, 2. Auflage, 2010.

Hildebrand, Knut/Meinhardt, Stefan (Hrsg.): Compliance & Risk Management: HMD – Praxis der Wirtschaftsinformatik, dpunkt Verlag, 2008.

Hofbauer, Günter/Mashhour, Tarek/Fischer, Michael: Lieferantenmanagement: Die wertorientierte Gestaltung der Lieferbeziehung, Oldenbourg Wissenschaftsverlag, 2012.

© Springer Fachmedien Wiesbaden GmbH, ein Teil von Springer Nature 2015
M. Kischporski, *Elektronischer Rechnungsdatenaustausch mit E-Invoicing*,
Edition KWV, https://doi.org/10.1007/978-3-658-23110-1

Hofmann, Erik/Maucher, Daniel/Piesker, Sabrina/Richter, Philipp: Wege aus der Working Capital-Falle: Steigerung der Innenfinanzierungskraft durch modernes Supply Management, Springer Verlag, 2011.

Imai, Masaaki: Kaizen, Wirtschaftsverlag Langen Müller/Herbig, 1992.

Jung, Hans: Allgemeine Betriebswirtschaftslehre, Oldenbourg Verlag, 12. Auflage, 2010.

Junginger, Markus: Wertorientierte Steuerung von Risiken im Informationsmanagement (Informationsmanagement und Computer Aided Team), Deutscher Universitäts-Verlag, 2005.

Klepzig, Heinz-Jürgen: Working-Capital und Cash Flow: Finanzströme durch Prozessmanagement optimieren, Gabler Verlag, 2. Auflage, 2010.

Koch, Bruno: E-Invoicing/E-Billing – Opportunities in a Challenging Market Environment, Market Report Billentis, 2012.

Kosiol, Erich: Organisation der Unternehmung, Gabler Verlag, 2. Auflage, 1976.

Krcmar, Helmut: Informationsmanagement, Springer Verlag, 5. Auflage, 2010.

Krampf, Peter: Beschaffungsmanagement: Eine praxisorientierte Einführung in Materialwirtschaft und Einkauf, Vahlen Verlag, 2012.

Kummer, Sebastian/Grün, Oskar/Jammernegg, Werner: Grundzüge der Beschaffung, Produktion und Logistik, Addison-Wesley Verlag, 2. Auflage, 2009.

Lauer, Hermann: Konditionen-Management. Zahlungsbedingungen optimal gestalten und durchsetzen, Verlag Wirtschaft und Finanzen, 1998.

Meyer, Christian: Working Capital und Unternehmenswert: Eine Analyse zum Management der Forderungen und Verbindlichkeiten aus Lieferungen und Leistungen, Deutscher Universitäts-Verlag, 2007.

Olfert, Klaus/Rahn, Horst-Joachim: Einführung in die Betriebswirtschaftslehre, Kiehl Verlag, 10. Auflage, 2010.

Palandt, Otto: Bürgerliches Gesetzbuch (BGB), Beck Juristischer Verlag, 70. Auflage, 2011.

Pfaff, Donovan/Skiera, Bernd/Weiss, Jürgen: Financial Supply Chain Management, Galileo Press Verlag, 2004.

Porter, Michael E.: Wettbewerbsvorteile (Competitive Advantage), Spitzenleistungen erreichen und behaupten, Gabler Verlag, 7. Auflage, 2010.

Riekhof, Hans-Christian: Die sechs Hebel der Strategieumsetzung: Plan – Ausführung – Erfolg, Schäffer-Poeschel Verlag, 2010.

Romeike, Frank/Hager, Peter: Erfolgsfaktor Risiko-Management 2.0: Methoden, Beispiele, Checklisten. Praxishandbuch für Industrie und Handel, Gabler Verlag, 2. Auflage, 2009.

Sartor, Franz J./Bourauel, Corinna: Risikomanagement kompakt: In 7 Schritten zum aggregierten Nettorisiko des Unternehmens, Oldenbourg Wissenschaftsverlag, 2012.

Scherer, Josef: Good Governance und ganzheitliches strategisches und operatives Management: Die Anreicherung des "unternehmerischen Bauchgefühls" mit Risiko-, Chancen- und Compliancemanagement, in: Corporate Compliance Zeitschrift (CCZ), Heft 06/2012.

Scherer, Josef/Fruth, Klaus (Hrsg.): Geschäftsführer-Compliance. Praxiswissen zu Pflichten, Haftungsrisiken und Vermeidungsstrategien, Erich Schmidt Verlag, 2009.

Scheuermann, Hans-Dieter/Luther, Ines: Financial Supply Chain Management mit SAP FSCM. HMD Praxis der Wirtschaftsinformatik, 2003.

Schmelzer, Hermann J./Sesselmann, Wolfgang: Geschäftsprozessmanagement in der Praxis: Kunden zufrieden stellen – Produktivität steigern – Wert erhöhen, Hanser Verlag, 7. Auflage, 2010.

Schömburg, Harald Eike: Akzeptanz und Barrieren der elektronischen Rechnung: Empirische Erkenntnisse, Technologieakzeptanzmodelle und praxisorientierte Handlungsempfehlungen, Verlag Dr. Kovac, 2011.

Schreyögg, Georg: Grundlagen der Organisation: Basiswissen für Studium und Praxis, Springer Gabler Verlag, 2012.

Skiera, Bernd/König, Wolfgang/Gensler, Sonja/Weitzel, Tim/Beimborn, Daniel/Blumenberg, Stefan/Franke, Jochen/Pfaff, Donovan: Financial Chain Management: Prozessanalyse, Effizienzpotenziale und Outsourcing, E-Finance Lab (House of Finance) Goethe Universität Frankfurt am Main und Technische Universität Darmstadt, 2004.

Töpfer, Armin (Hrsg.): Six Sigma: Konzeption und Erfolgsbeispiele für praktizierte Null-Fehler-Qualität, Springer Verlag, 4. Auflage, 2007.

Vahs, Dietmar: Organisation: Ein Lehr- und Management-Buch, Schäffer-Poeschel Verlag, 8. Auflage, 2012.

Weimann, Rüdiger: E-Rechnung: Rechtssicher übermitteln, berichtigen, kontieren und archivieren, Haufe Verlag, 2012.

Wildemann, Horst: Asset Management und Working Capital Controlling, TCW Verlag, 11. Auflage, 2010.

Wöhe, Günter: Einführung in die Allgemeine Betriebswirtschaftslehre, Vahlen Verlag, 24. Auflage, 2010.

Internetquellen

Bernius, Steffen/König, Wolfgang/Pfaff, Donovan/Werres, Stefan: Goethe Universität Frankfurt am Main und Bundesministerium des Innern: eRechnung: Handlungsempfehlungen zur Umsetzung des elektronischen Rechnungsaustauschs mit der öffentlichen Verwaltung – Abschlussbericht des Projekts eRechnung, http://www.e-docs-standards.de, Januar 2013.

BMF (Bundesministerium für Finanzen) Schreiben: Umsatzsteuer; Vereinfachung der elektronischen Rechnungsstellung zum 1. Juli 2011 durch das Steuervereinfachungsgesetz 2011, http://www.bundesfinanzministerium.de/Content/DE/Downloads/BMF_Schreiben/Steuerarten/Umsatzsteuer/Umsatzsteuer-Anwendungserlass/2012-07-02-Vereinfachung-der-elektronischen-Rechnungsstell-ung.html, 02.07.2012.

Buhl, Hans Ulrich/Röglinger, Maximilian/Stöckl, Stefan/Braunwarth, Kathrin: Universität Augsburg: Wertorientierung im Prozessmanagement – Forschungslücke und Beitrag zu betriebswirtschaftlich fundierten Prozessmanagement-Entscheidungen, Diskussionspapier WI-297,http://www.uni-augsburg.de/exzellenz/kompetenz/kernkompetenzzentrum_fim/ Forschung/paper/paper/wi-297.pdf, in: Business & Information Systems Engineering, 03/2011.

Dünnebacke, Daniel/Wolters, Philipp: Rheinisch-Westfälische Technische Hochschule (RWTH) Aachen: Wertbeitrag der IT: Messen des Wertbeitrags der Unternehmens-IT, Schlussbericht zum Forschungsprojekt 16105 N, https://www.ifu.rwth-aachen.de/fileadmin/user_upload/IfU/Forschung/Projekt-Archiv/ WerIT/ WertIT_ Abschlussbericht.pdf, 31.01.2011.

ibi research an der Universität Regensburg: Elektronische Rechnungsabwicklung – einfach, effizient, sicher – Teile I-IV: Leitfaden zur Einführung, http://www.elektronische-rechnungsabwicklung.de, Juni 2013.

Printed in the United States
By Bookmasters